Maria Adela Diaz Parraga

Mujeres para un romance

Maria Adela Diaz Parraga

Mujeres para un romance

Editorial Redactum

Impressum / Imprint
Bibliografische Information der Deutschen Nationalbibliothek: Die Deutsche Nationalbibliothek verzeichnet diese Publikation in der Deutschen Nationalbibliografie; detaillierte bibliografische Daten sind im Internet über http://dnb.d-nb.de abrufbar.

Bibliographic information published by the Deutsche Nationalbibliothek: The Deutsche Nationalbibliothek lists this publication in the Deutsche Nationalbibliografie; detailed bibliographic data are available in the Internet at http://dnb.d-nb.de.

Coverbild / Cover image: www.ingimage.com

Verlag / Publisher:
Éditions universitaires européennes
ist ein Imprint der / is a trademark of
OmniScriptum GmbH & Co. KG
Heinrich-Böcking-Str. 6-8, 66121 Saarbrücken, Deutschland / Germany
Email: info@editions-ue.com

Herstellung: siehe letzte Seite /
Printed at: see last page
ISBN: 978-3-639-65022-8

M U J E R E S

P A R A

U N

R O M A N C E

MARIA ADELA DIAZ PARRAGA

Esta es la historia, señores
de mujeres de bandera,
que pasaron por el mundo
con alegrias y penas.
De algunas habla la historia,
a otras ni las mentaba,
pero su vida y milagros
era para ser contada.
¿Qué no llenaron sus lances
los mas famosos best-sellers?
Eso no importa, pardiez,
que para esas historias
son los pliegos de cordel.
Asi que con atencion.
leed las pagimas que siguen,
os llenara de emocion
sus disparatados fines.
Quc a fin de cuentas, señores,
por muchas cosas que pasen,
la vida su curso sigue.

=== === ===

CONCHITA LA PEÑARANDA
======================

Conchita la Peñaranda, ha sido esa figura miticamente real, que durante mucho tiempo, ha tenido fascinados a flamencologos y aficionados. Un ser misterioso, envuelto en los velos de la leyenda, porque se sabe tan poco del vivir de esta mujer, tan escasos son los datos que se conocen sobre su persona,, que han conseguido tejer a su alrededor, esos hilos invisibles, y a la vez inmortales, que la han llevado a penetrar en el maravilloso terreno del romance.

"Conchita la Peñaranda,
la que canta en el café ..."

Se sabe de ella, que nacio cuando el siglo XIX andaba por su mitad, en el antiguo distrito minero de El Garbanzal, donde ahora esta enclavado Alumbres. Se sabe tambien, que era modista, y dicen que era morena de luna .... Pero señores, diganme ustedes que es todo esto. Bien poca cosa, poquisima, para cubrir las lagunas que se abren profundas en el transcurrir de la historia de esta "mujer de bien", como pregonaba el cante. Se dice, quien va a ponerlo en duda amigos, que cuando el cante escapaba, meciendose poderoso en la garganta de la Concha, hasta el aire se encalmaba, para escucharla embobado. Y la sierra entera, se estremecia hasta sus mismas entrañas, vibrando al compas supremo de una cartaenera

Conchita cosia en su taller, rejas con geranios y pajaro en jauilica. Y mientras sus manos, palomas de plata, volaban ligeras, dando sus puntadas en la ropa ajena, su voz llenaba con un chorro de gloria, de alegria, de mil sentimientos, la calma encalada de la calleja. Y una se queda escucnado, con los ojos certtados, porque le parece oir su cante, en el que se podia percibir el rumor sereno de las olas, y el sonido del marro, y hasta el suspiro profundo de un minero. Porque su cante, señores, era la mar y la mina, en eterno maridaje.

Y se contaba en las tabernas, que en los cafes de la recien nacida La Union, aquellos señorones que dicen que encendian los vegueros con billetes como sabanas, pues esos digo, la instaban continuamente para que se decidiera a cantar en un café de los de la epoca, pensando los muy cucos, que a lo mejor sobre las tablas, la Concha se convertiria en una mujer mas facilona. Pero andaban listos ...

--¡Aire, señores!

Decia la Peñaranda, riendose en sus narices. ¿Pues que se habrian creido los señoritos? Ella no era mujer de café, ella era moza sencilla, como los alarises y los jazmines que se prendia enel pecho, que perfumaban su mata de pelo. Y cuenta Don Antonio, el hijo del Rojo el Alpargatero que la conocio muy bien, que era mujer de bandera, celosa de su honra, como lo son las mujeres suresteñas, mezcla imprecisa de moriscas y judias. Y seguia contando, que en sus ojos inmensos y oscuros como la noche sombria, brillaba una melancolia que bien pudiera ser el alma del cante cartagenero; que en sus desplantes de "mujer de bien", latia toda la agreste fiereza de una minera, y que en aquella dignidad serena de mujer del pueblo, estaba presente la esencia de la matriarcal taranta. Y es que Don Antonio, señores, tenia alma de juglar,

Una no sabe que buenos o malos mengues, se apoderaron un dia del alma de la Conchita, hasta impulsarla a desprenderse de sus ropas sencillas, de modistas pueblerina. Una no puede saber, que mal aire la hizo calzarse unas medias color de rosa, de las de las cupletistas caras, , y subirse a los tablaos. Tan cambiada parecia, que no era la Concha, de ella solo quedaban sus inseparables flores, prendidas en el pelo.

" ... la que canta en el café ..."

Y su cante, que solo habia bebido el viento minero, sono en el café, acompañado de la guitarra del Levante, que latia por la Concha en un gemido, mitad apasionando, mitad dolorido, desde la prima al bordon. El aire espeso del café, mezcla dulzona de mineral y cigarros habanos, de laguenas y carajillos, se aclaraba hasta convertirse en una rafaga refrescante, cuando Conchita la Peñaranda, perfumaba la noche con la fragancia de su cante.

Pero para que vean ustedes lo que son las cosas. A aquellas buenas gentes, que se paraban para escuchar a la Conchita cuando cantaba en su taller, no les gusto nada ese gesto suyo de subirse a un tablao. Fue muy mal visto por la hipocrita moral, de los que componian entonces aquel pueblo, que tenia pretensiones de ciudad aurifera.

--¡Jesus! – se escandalizaba una beata santiguandose, a la salida del rosario –Pero ¿ha visto usted, doña Josefa? ¿Ha visto el escandalo de la modista?

-- ¡Calle, calle!· Avergonzada me tiene, porque a mi me cosia ... ¡Miren la mosquita muerta1

--Vecina, ¿sabe lo de la Coinchita' – Y la cotilla, adoptaba un aire de conspiradora, apoyandose en la escoba, y olvidando hasta el barrido de la puerta.

-- ¡La muy desvergonzada! – se escandalizaba la otra –Y venia aquí, presumiendo de remilgada. A mi Antonio no lo quiso ... se ve que era poco para sus fantasias.

Y el cante, no el cante sano, limpio y perfumado que ensancha el alma, sino el otro, esa copla insidiosa que denigra a una mujer, arrojando su buena fama a la calle, corria de boca en boca. Lanzando su nombre para siempre, a los cuchillos afilados de las malas lenguas.

"... ha perdido la verguenza,
siendo tan mujer de bien".

Y si que lo era, señores. Que una no sabe que entolera le daria, pero cuando cantaba, se ponia roja como la amapola, porque se creia la muy infeliz, que regalar su cante al mundo, era perder la verguenza. Y la mala copla, seguia rodando, rodando ...Y se hablaba, y no se paraba, hasta que un dia, la Peñaranda no pudo mas, y cansada de tanto ir en lenguas, desaparecio sin dejar el menor rastro, de la ciudad de la Union.

¿Seria que le habian ofeecido un quimerico y millonario contrato?

¿O se habria casado con un señoron, de aquellos que tanto la acosaban, con sello de oro y reloj con cadena maciza, colgando sobre la tripa?

O tal vez se habria marchado a "hacer las Americas", como otras muchas cupletistas de postin ...

Pues no, señores. No habia pasado ninguna cosa de estas. Lo que habia ocurrido era algo ... mucho mas sordido, mas vulgar, impropio de la Concha. Pero es que la Peñaranda, mujer al fin, se encontro una noche fatidica con el hombre que habia de marcar su suerte. Sin apenas pensarlo, dejo abandonadas las ropas ajenas, y su casita humilde, la que se abria alegre a la callecita encalada. Y se callo muy triste el canario, que trinaba gritando, queriendo hacerle sombra al cante de su dueña.

Porque Conchita la Peñranda, que como ustedes saben siempre habia sido "tan mujer de bien", abandono La Union, y si mundo blanco de abanicos de papel, convirtiendose en lo que las buenas gentes, llamaban escandalizadas, una perdida. Se marcho detrás de los pasos del hombre que habia conocido en el café. Las persoans que la querian, se habia informado que era casado, que habia abandonado a su mujer y a sus hijos, lanzandose a una vida de libertinaje. Pero Concha no quiso ni escucharlos. Queria a aquel hombre mas que a su vida; aunque aquello no era amor, mas bien era una idolatria casi enfermiza. Por el, para mantenerlo, la Peñaranda volvio a subir a los tablaos. Para malcomer los dos, porque los dineros que la copla entraba a chorros en los bolsillos de la cantaora, se los gastaba el muy sinverguenza en juergas, es decir, envino y otras mujeres.

Profesionalmente, Conchita triunfo. Su fama corrio por la rosa de los vientos hispanica, y hasta estas tierras, llegaron las noticias de sus actuaciones delirantes en el celebre Café del Burrero, de Sevilla. En la que era la cuna por dereeho del cante, la cantaora de La Union enardecia a las gentes, haciendolas vibrar cuando desplegaba el embrujo de esta trilogia sonora que son los cantes del Levante. Dicen, los que tuvieron la suerte de escucharla, que habia tristeza, melancolia, tragicos melismas, en la voz de aquella mujer, que se consumia sin poder, sin querer evitarlo, en una hoguera perenne de amor y de vergüenza,

Nadfie sabe cual fue el final de la Peñaranda; tampoco se tienen noticias de cómo y donde murio. A lo mejor, volvio a La Union, y con el paso de los años y de los sufrimientos, que la marcarian, nadie pudo reconocerla. ¿Y saben ustedes lo que les digo? Pues que casi es preferible no saberlo. Es mucho mejor pensar, que Conchita consiguio librarse al fin de su destino, escapar de el. Que abandono aquel mal querer, y volvio a su Garbanzal, a su casa y su canario.

Los mas romanticos, se empeñan en creer que murio joven, para que los años no pudieran romper su maravillosa belleza. Pero de lo que todos estan seguros, es de aunque decian que habia perdido la verguemza, Conchita la Peñaranda, murio siendo una mujer de bien.

=== === ===

KINZA

=====

El nombre de la calle del Azucaque , es uno de los resabios moriscos que le quedan a Murcia. La calle, con una esquina convertida en moderno edificio, sustituyendo al que la remataba dandole aspecto de serrallo oriental, y enlosada con grandes losas cuadradas de salon, ha perdido buena parte de su encanto. En fin, que de moruna ya no tiene nada, aparte de sus estrecheces, y del nombre que afortunadamente le queda, aunque con los cambios que llegan de vez en cando, no se sabe por cuanto tiempo.

Pero esa calle, señores, es una de las mas antiguas de la ciudad, hasta es posible que se remonte a los dias de su fundacion, y como vieja, ha presenciado los sucesos mas notables y peregrinos. Uno de ellos, digno de un romance, ocurrio en los tiempos en que vivia en ella, Ferriz Pitarque, un joven noble cristiano, y un notable musulman, que se llamaba Zayen. Esto era, cuando corria el año 1.243; por entonces, la calle era el doble de estrecha que es ahora, y ademas, no tenia salida.

Zayen y Pitarque, convivian de mala manera, siendo frecuentes los roces. En la casa musulmana, habitaba tambien la hija de Zayen, que según contaban los que habian tenido la suerte de contemplarla, era igual a una huri del paraiso que prometia el Profeta a los buenos creyentes. Las habitaciones de la bella musulmana, daban como estaba mandado, a un patio interior. Un hermoso patio forrado de azulejos, en el que cantaba el agua en el surtidor, y perfumaba el jazminero, mientras una palmera desmelenada, se escapaba atrevida hacia lo alto. Las habitaciones de los hombres, aunque cerradas con celosias, daban a la calle, y Kinza, mujer al fin, escapaba mas de una vez hacia las grandes salas, tratando de ver el exterior a traves del entramado de la madera. ¿Y que creen ustedes que miraba la hermosa mora? ¿El trasiego de la calleja? ¿El paso de los vendedora ambulantes pregonando su mercancia? Pues no, señores, Kinza miraba ni mas ni menos, que las entradas y salidas de su vecino Ferriz Pitarque. ¡Era tan guapo el cristiano! ¡Tan fuerte y tan apuesto! Y en una de esas furtivas vigilancias, la sorprendio Zubeyda, su aya, que se puso por las nubes ...

-- ¡Ala nos proteja! Tu padre mandaria que me azotaran, si llegara a enterarse de que te han visto por las celosias.

-- Y ¿quién va a verme, aya? ¡Son tan espesas...! Anda, no te enfades. ¡Ay, que hermoso seria poder salir, andar por las calles!

--¡Tu has perdido la cabeza! ¡Ni lo sueñes!. Ademas, no se si seria hermoso, como nunca salgo ... Oye,¿ no estaras mirando a ese perro cristiano?

-- No ... Entraba en su casa... ¡Ay, aya, hablan tanto de el!

Zubeyda, empezo a mirar con antipatia a aquel infiel, que se metia en en la mente de su señora, robandole el pensamiento. Y Kinza, que se dio cuenta de su animadversion, se ocultaba de ella para mirar la calle.

Un dia, se escucho en la calle un gran estruendo, como si alguien se enzarzara en una violenta riña. Eran los esclavos de Zayen, que se habian liado a cintarazos con los criados de Pitarque. Al escuchar el ruido, Zubeyda por un lado, y Kinza por otro, se asomaron a las celosias. No hanian pasado unos minutos, cuando se oyeron los cascos de un caballo, y el soberbio alazan de Zayen, irrumpio en la calle, tomando este, como era natural, el partido de su gente.

Casi pisandole los talones, aparecio Pitarque en la embocadura de la callejuela, poniendose del lado de los suyos. Y lo que empezo como riña de criados, se volvio seguidamente en un combate a muerte entre los dos caballeros. Los dos eran las mejores espadas de sus bandos, por lo que la lucha, estaba muy igualada. Los criados se habian apartado, temblorosos, olvidando sus rencillas, y Kinza se ahogaba pegada a la celosia. Zayen, le lanzo una tremenda estocada al cristiano, y al apartarse rapido Ferriz, fue a chocar contra la pared, partiendose en dos su magnifica hoja. Por unos segundoa dudo el cristiano, pero caballeroso, tiro su espada al suelo, y la lucha siguio cuerpo a cuerpo. El moro cayo, y Pitarque se lanzo sobre el, empuñando su rico puñal enjoyado. Lo levanto, y cuando iba a clavarlo en el pecho de su enemigo, un grito desgarrado resono en la calleja,

-- ¡Perdonad a mi padre, noble caballero! ¡Os lo suplico por vuestro Dios!

Las celosias se habian abierto de golpe, y la hermosa Kinza aparecia en ellas. Ferriz quedo mudo ante la aparicion, nunca habia visto una doncella mas hermosa. Luego, despacio, guardo el puñál, e inclinandose ...

--Te regalo la vida de tu padre, hermosa docnella.

Pero Ferriz Pitarque, le habia entregado algo mas con su mirada.

Poco despues, el caballero cristiano fue llamado a luchar a las fronteras del reino, pero la imagen de la hermosa musulmana, no lo abandonaba jamas. ¡Que hermosa era, que hermosa!

Kimza, que ya antes estaba prendada del gentil caballero, no podia olvidarlo, sintiendo crecer cada dia su amor por el. Y Zayen, ajeno a todo este enredo amoroso, rebiaba como un condenado, pensando que le debia la vida a un cristiano. ¡El, que era el orgullo del Islam...!

Parecia que entre las dos casas se habia establecido una especie de tregua amistosa ante el noble proceder de Pitarque, peeo bien poco iba a durar. Los moros se sublevaron, y se inicio unas feroz contienda. Ferriz, consiguio entrar en la ciudad por un postigo oculto, pero Zyen estaba advertido, y lo espero en la calleja. Kinza lo espiaba, porque temia con razones, que su padre no habia perdonado al caballero que le perdonara la vida. En la esquina de la calle, aparecio Ferriz. La figura impresionante del moro se planto ante el, con la espada desemvainada.

-- ¡Atrás, perro infiel! Esta es la calle del Azucaque, que en mi lengua quiere decir “la que no tiene salida”. Y eso sera para ti.

Las espadas chocaron furiosamente. En las sombras de la calle, remolineaban capa y cholaba, y los aceros al cruzarse, producian destellos.

--¡Alto!¡Deteneos!

Un paje se habia interpuesto entre los dos enemigos. Pero ninguno le hizo caso. Zayen atacaba furiosamente, y Pitarque no tenia mas remedio que defenderse. El pajecillo intentaba separarlos, sin conseguir otra cosa que ser acribillado. Al fin, tambaleandose, aun pudo decir ...

-- Deteneos ...

Y cayo al suelo, bañado en sangre. La mascara se desprendio de su rostro, y la luna, que en esos momentos asomaba su cara empolvada por encima de los alminares, ilumino el rostro palido y dolorido de Kinza. Las espadas escaparon de las manos. Gimiendo, los dos contendientes cayeron a su lado. Ferriz, intento incorporar el cuerpo roto, y una debil sonrisa aparecio en los labios de Kinza ...

-- Vete ... Huye si me amas...

El caballero, beso llorando la mano de la muchacha, que doblo la cabeza, moribunda, y de un salto, desaparecio entre las callejas. Al lado de Kinza, Zayen gemia como un animal herido, acunando a su niña. SU propia mano habia abierto algunas de aquellas heridas... Y la sangre de la bella musulmana, mancho de rojo su blanco albornoz..

Al fin, los estandartes de la cruz, dominaron la ciudad. Ferriz Pitarque, entro con las tropas triunfantes, cruzando las calles melancolico, como el caballero de una triste conseja. Al atardecer, se encamino hacia su antigua casa, y oculto en el quicio de la puerta, espero. Algun tiempo despues, en la calle, aparecio una figura cubierta con un albornoz. El caballero, le salio al paso, espada en mano, como un angel vengador.

Sin una palabra, los aceros chocaron,y de una certera estocada, Ferriz Pitarque, clavo su espada en el pecho de Zayen, que cayo diciendo ...

-- Esta calle, ha sido Azucaque para Kinza y para mi ...

=== === ===

ANTONIA LOPEZ

==============

En los siglos pasados, el teatro se ha visto acosado no solo en las pequeñas ciudades, sino en toda España, por el celo de los predicadores, que a traves de los tiempos, se han empeñado en ver a las compañias de comedias, como un instrumento satanico, con el que el diablo se apoderaba de almas inocentes. Y llevados de ese celo, que los hacia montar en ira santa, arrenmetian contra los inocentes comicos, consiguiendo en muchas ocasiones, que las comedias y sus gentes, se vieran desterradas de algunos reinos.

A los murcianos nos guata el teatro porque si, sin mas. Que no hay mas que recordar, que en las fiestas del Corpus, se ha echado siempre la casa por la ventana con comedias y otros espectaculos festivos. Y que desde que se crearon los primeros corrales de comedias, hubo uno en la ciudad, y a veces mas, hasta cuilminar en el secular Teatro Romea.

Una de esas veces en que los comico las pasaron pero que bien moradas, fue a raiz de la predicacion de Fray Jose de Cadiz, que alla por el año 1.787, fustigo de ral manera las conciencias de las autoridades, y pinto con tan tetricos colores las representaciones, que los pobres comicos se vieron alejados de estas tierras casi doce años. Y hasta el teatro, se fue quedando maltrecho el pobre a fuerza de no usarlo. Y es que según el padre Cadiz ...

"... las comedias son perjudiciales a la religion, i al estado, i destructibles de las buenas costumbres ..."

Y miren ustedes que celo puso en sus disertaciones, que la ciudad, agradecida por haberla librado de las terribles penas del fuego eterno, lo colmo de honores cuando termino su mision, y hasta lo nombro Capellan Mayor y Predicador. Y claro, se prohibie4ron las comedias en los corrales, haciendole la pascua a los murcianos, que han sido aficionados a estos esparcimientos desde las coplas de Mingo Revulgo. Asi que, figurense ustedes a la Murcia dieciochesca, sin una sola comedia con la que entretenerse.

Como todo se arregla con el tiempo, llego el dia en que se levanto el veto, pero todavia quedo gente que seguia al pie de la letras las indicaciones de los predicadores. Los ultimos coletazos de aquella mania persecutoria, se los llevo sin comerlo ni beberlo, Antonia Lopez Antolines, comica de la legua al servicio de la Compañía, que en esta ciudad tenia a su cargo, el Teatro de Comicos,. Antonia, y su novio, Cristobal Garrigos, pintor y representante de la mentada Compañía

Como Antonia aunque comica, era mujer de bien, queria casarse por la Iglesia, como Dios manda, con musicos y alharacas, en la parroquia de San Lorenzo, de donde era feligresa. Y tener despues su buena comida de bodas, a la que ya habian invitado a los comicos de otras compañias. Figurense ustedes como se presentaria el festejo, que hasta del vecino reino de Valencia iban a venir comediantes. Despues, aprovechando que durante algunos dias no habian representaciones, la pareja pensaba ir de viaje de novios hasta los baños de Archena. La muchacha, ya tenia mercado su ajuar, y los muebles que habian de componerlo, y el rico traje de bodas, y hasta la mantilla. Y habia recogido sus buenos dineros entre los amigos y parientes, que habian sido muy generosos a la hora de aportar sus monedas, para los alfileres de la novia.

Puestos ya en visperas de boda, Antonia y Cristobal, acudieron al Gobernador del Obispado, que por entonces tambien havia que andar sus pasos, y era el buen señor, quien habia de darles el despacho, para que los casara el cura de san Lorenzo.

Era un 16 de agosto, con un calor achicharrante, cuando se presentaron los comicos para hablar con el parroco. Y cual no seria su asombro, cuando el cura se nego de forma tajante a bendecir la union, alegando que eran comediantes, y por lo tanto, gentes de poco fiar, y no los rocio con agua bendita de puro milagro, aunque les hizo ver muy claramente, la opinion que le merecian personas de su condicion. A mares lloraba la pobrecita Antonia, que se veia compuesta y sin boda, y poco falto en medio de sus llantos, para que le diera al cura con el hisopo, que era mujer de armas tomar, y le sento como un tiro la suspension del festejo.

-- Pues que, ¿acaso no soy mujer de bien para que se me case como es debido? ¿O es que pretende vuesa merced, que vuva amancebada?

Pero el cura seguia en sus trece, hisopo en mano. y el bueno de Cristobal, que no sabia ni que decir de la impresion que se habia llevado. Y como veia que alli no conseguian nada, como no fuera que el cura se llevara algun tortazo de la iracunda comedianta, corriendo encima el riesgo de que los excomulgaran, se llevo como pudo a la novia, y se fueron otra vez a ver al Gobernador Provisor, que era por aquel entonces, el Licenciado Cuesta. Este, que por lo visto era hombre prudente, debia tener presente aquello de "con la Iglesia hemos topado", y dio largas a los novios, hasta escuchar lo que tuviera que decir el parroco sobre el particular.

Pero el cura era bastante cabezon, y no habia cristiano que lo bajara de su burro, y mantuvo que por ser comicos daban mal ejemplo. Asi que no tenian mas remedio que dejar el oficio, y detestarlo publicamemte. Y que ademas, el Garrigos, tenia que acudir a la misa parroquial, con habito de penitente y una vela en la mano, abominando de su oficio, y jurando solemnemente, que no volverian a ejercerlo ni el ni su novia, para siempre jamas.

Dc la Antonia, no dijo el parroco ni palabra, se ve que a la vista de la escena que le habia hecho en la sacristia, le habia cogido un respeto, y temia enfrentarse otra vez con la garrida moza. Pero ella acudio a misa, si señores, y cada vez que miraba a su Cristobal cn aquella facha, le echaba unos ojos al cura como si quisiera fulminarlo. Pero se contuvo, vaya que si, que a pesar de todo era un pedazo de pan, y su noviI la habia convencido, de que si se ponia a las malas con el parroco, se habia acabado el poner los pies en la iglesia, y hasta puede que los excomulgaran, y aquí, CrIstobal se santiguaba. Y sobre todo, y esto fue lo que mas convencio a Antonia, nada de celebrar bodas.

Asi que la muchacha, se mordio los puños e hizo de tripas corazon. Por lo menos, hasta celebrar la vida. Tambien contribuyo a calmarla, el hecho de que conocidas en la ciudad sus peripecias, un noble señor le ofrecio a Cristobal, que era hombre de letras, un empleo de escribano. Con lo cual, no se veian en la calle al empezar su nueva vida. Aunque la verdad es, que les dolio bastante tener que dejar el oficio de comicos.

=== === ===

LA PERLA

=========

La Perla, vivio hace tantos años, que no creo que quede ninguna persona que la haya conocido. Y claro, sin conocerla, sin alguien desapasionado que lo diga, se pregunta una que fue en realidad esa mujer. ¿Un monstruo? ¿Una victima? Bueno, decir victima es pasarse un pelin, que poca disculpa se puede encontrar para justificar un crimen; solo la muy debil que ella alegaba, que no queria matarlo, solo ...

Pero bueno, mejor es no correr en la historia, y enpezar por el principìo. Lo cierto es, que despues de mucho preguntar, de rebuscos casi inutiles en viejos papeles, se ha podido averiguar una historia que ha perdido calor con los años, y que te deja un poco desconcertada ante la personalidad equivoca de aquella mujer. Una ha podido saber, que se llamaba Josefa Gomez Pardo, que por aquellos dias contaba treinta y dos años, que tenia una niña y un niño, y que regentaba junto con su marido, Tomas Huertas Cascales, la posada que era conocida en muchas leguas a la redonda con el nombre de "La Perla Murciana"

Ella, con su hermosura desafiante y primitiva, habia dado el nombre a la fonda, La Josefa era mujer de bandera, que se ponia el mundo por sombrero, y exageraba la nota, vistiendo y pintandose de una manera, muy poco acorde con los tiempos en que vivia, dando lugar a comentarios escandalizados ... y un tanto envidiosos.

-- Si parece una perdida ...Pero ¿ha visto usted, vecina? ¿Se ha fijado como va la Perla?

-- Calle usted, vergüenza me da mirarla. Asi no se pinta mas que las cupletistas.

-- Va desafiando a los hombres ...

Y las "buenas mujeres" se santiguaban, y se aprestaban a cortar el traje al proximo que pasara por delante. Y a lo mejor, pues miren ustedes, la Perla, era una infeliz que le gustaba alardear de su belleza, y que la miraran. Vayan ustedes a saber. Lo cierto es, que los huespedes de la pension, se disputaban una mirada o una sonrisa, incitados por el porte de la patrona. Y hay que decir en honor a la verdad, que según contaban bien poco caso hacia de estos halagos la Perla. Los admitia como un tributo obligado, sin mas.

Y un mal dia, llego el hombre a su posada. Se llamaba, Vicente del Castillo Ensulve, tenia treinta y seis años, y era auxiliar de Secretaria de Instrucción Publica. Vicente se hospedo en la fonda, y como todos, al poco tiempo empezo a cortejar a la patrona. Tal vez no fuera un hombre extraordinario, pero era "hombre de letras", muy distinto a los tratantes y gentes de camino que pasaban de ordinario por la posada. Se hospedo en la fonda durante un tiempo, y al final, la Perla acabo cediendo a sus requiebros.

Y lo que son las cosas, ella que no hacia aprecio de ninguno, incluyendo a su marido, bebia los vientos por aquel chupatintas. Su amor no tenia disimulos, y claro, el marido que seria otra cosa, pero no tonto, empezo a ponerse mosca. Y es que la Perla no veia mas que por los ojos de Vicente, que el suelo que pisaba hubiera besado ella.

Vicente tenia familia, mujer e hijos, que habia dejado en Albacete de donde procedia, hasta instalarse en nuestra ciudad; pero pasados los meses, encontro lugar donde aposentarse, y los trajo con el,. Ni que decir tiene, que el pobre marido respiro con la llegada de la mujer de Vicente, en tanto que la Perla, andaba como una loca, comiendosela los celos, perdido el color, y sin preocuparse ni siquiera de su belleza. Pero bien poco le duro el respiro a Tomas, que su rival se fue de la fonda, pero acudia puntualmente todos los dias a tomar café, aprovechando las horas en que no estaba el marido.

Y otra vez empezo el posadero a ponerse en guardia, y recomenzaron las peleas, hasta dos y tres al dia, hasta el punto de que la Perla confeso a su amante, angustiadisima, que no podia aguantar mas, que las escenas y las discusiones eran de alivio, y que el marido cada vez se ponia mas violento.

Vicente, encotro la solucion en una medicina que el tomaba para una antigua dolencia de estomago. Que se dijo en el caso, que debia estar algo chiflado, porque la tal medicina no era para el estomago, sino un tranquilizante del sistema nervioso que lo adormecia. Hasta se ha oido decir, que era estricnina diluida en alcohol. Por otro lado, se dijo que era adormidera, puede que fuera esto ultimo. En fin, lo cierto es que la Perla, emvio a un estudiante que tenia hospedado, Antonio Martinez se llamaba, a que comprara el potingue con la receta de Vicente, a la botica de Antonio Ruiz. Y vuelta a los dichos y suposiciones. Unos dicen, que Vicente aconsejo a la Perla que echara unas gotas del mejunje en el café, y que con ello, conseguiria vencer sus celos. Esto parece algo muy simple, y tal vez lo que realmente pretendia el escribiente, era cargarse al marido, echandole la culpa a algun extraño telele. Pensaria que si se le iba la mano, como se le fue, era seguro que ya no tendria que soportar las molestia de un marido celoso. Otros dicen, que lo que queria era simplemente que se durmiera, para facilitar sus entrevistas con la Perla. Lo cierto es que la Josefa, se paso un pelin, y el marido, luego de beberse el café, al que debio encontrar un sabor algo exotico, se marcho a la calle, y poco despues, al otro barrio.

Y hubo alguien mas, victima inocente en aquel drama de amor y de celos. En la posada trabajaba una fregona, una muchachita sanjuanera de trece años, llamada Francisca Griegues Be4rmudez. Aquel 8 de diciembre de 1.893, la chiquilla tuvo la mala ocurrencia de empinarse lo que quedaba en la taza del café que habia tomado su patron. En los posos estaba concentrado veneno puro, y a los pocos instantes la cria se moria, en medio de tremendos dolores. Este detalle, fue el que perdio a la Perla y a su amante; la muerte de Tomas podia pasar por un "repente" de los que entonces daban y que nadie sabia lo que era, pero con la de la criada, el asunto empezo a ponerse un tanto sospechoso.

La policia mando analizar los alimentos y las bebidas, y se descubrio el pastel, mejor dicho, el café. Josefa fue detenida, y tambien Vicente, que negaba tajantemente haBer tenido parte en el asunto. PorquE cuando vio como se complicaban las cosas, pretendio dejar colgada a la mujer que lo habia arriesgado todo por su amor.

Menos mal que la justicia no le hizo ningun caso, y el 20 de diciembre del año 1.893, se celebro el juicio bajo la presidencia del señor Piquer, y los magistrados sres. Amo y Gali. El fiscal era don Andres Gallardo, y el acusador privado, fue don Juan de la Cierva. A Josefa la defendio don Vocente Diaz, y don Luis Llanos, se encargo de la defensa de su amante. Pero poco pudieron hacer, porque era un caso tan claro, que el veredicto para Josefa fue el esperado: Muerte a garrote vil. A Vicente, lo condenaron a cadena perpetua, absolviendo al boticario que lo despacho y al estudiante que lo compro, ya que en aquel entierro, y nunca mejor dicho, ninguno de los dos llevaba vela.

Y no vean la que se organizo, cuando le comunicaron la noticia a la Perla, grito y se descompuso de tal forma, que el medico de la carcel no tuvo mas remedio que administrarle eter para calmarla.

Existio otra persona en este crimen pasional, que tambien tiene su importancia. Una importancia algo gris, peor muy humana. El verdugo. Se llamaba Pscual Ten, y era valenciano. Hay que imaginarse a aquel hombre, rechoncho y bajo, vestido de negro y con sombrero hongo. Casi se le puede ver, llegando a la Estacion del Carmen, el 27 de octubre de 1.896, acompañado dcl alguacil de la Audiencia de Valencia, don Juan Lopez. Una gran multitud le esperaba para abuchearlo y gritarle; no encontro galera que lo llevara, ni mozo a quien encomendar su equipaje, y la fuerza publica tuvo que escoltarlo hasta la Audiencia. Para Pascual, era su trabajo numero trece, un numero fatidico, y fatidico resulto para el. Porque la gente, abogada siempre de causas perdidas, veia a la Perla, como una pobre madre separada de sus hijos, y al verdugo, como el villano de tragicomedia, que venia a hacer el papel del malo.

Y miren ustedes si influyo en el animo de Pascual el sentir popular, y tanto le impresiono la belleza tragica de la Perla, que hasta le puso un telegrama al Jefe del Gobierno, pidiendo su absolucion. Claro que no consiguio nada, y el 29 de diciembre de ese año, tuvo que cumplir su triste cometido.

Aquella mañana, don Pedro Gonzalez Adalid, cura de San Antolin y encargado de confortar a la Perla en todo ese tiempo, celebro una misa por ella. A las siete de la mañana, Pascual Ten, verdugo de profesion, y de corazon mucho mas sensible de lo que correspondia a ello, entro en la celda. Su voz debio ser muy tremula. Le dijo ...

-- Soy el ejecutor de la ley, y vengo sin odio a cumplir mi triste mision, ¿me perdonas?

-- Si, señor – contesto la Perla – le perdono a usted con todo mi corazon y toda mi vida.

A continuacion, le pusieron la hopa y la toca, y la sacaron de la carcel. No pueden imaginarse el aspecto que ofrecia la ciudad, habia cerrado sus comercios en señal de duelo, y se habia desplazado en masa hasta la explanada del rio, donde se habia levantado el tablado. Tropas de caballeria lo custodiaban, y velaban a la vez por el mantenimiento del orden, que se veia peligrar.

El sacerdote Gonzalez Adalid la ayudo a subir, y volviendose hacia la multitud dijo la Perla

-- Pido perdon a esta ciudad por lo que haya podido escandalizarla con mi vida, y ruego que me encomienden a Dios

Luego, cunplida el verdugo su penosa mision, el sacerdote le cubrio el rostro con su manto, para que nadie pudiera ver desfigurado el hermoso rostro de la Perla murciana. Pero el pobre don Pedro, si que le afecto este desgraciado asunto, porque algun tiempo despues, tuvo que dejar sus clases y su mision, perdida la memoria.

La Perla ha pasado a la leyenda. Su historia es ya un recuerdo, y su crimen, perdida la preciosa costumbre del pregon de ciegos, desconocada para mucha gente.

=== === ===

LA ISIDORA

==========

La Isidora, habia sido mujer de bien. La Isidora, era una real moza que se quedo sin amparo en uno de esos desmadres que se gastaba el rio Segura de vez en cuando. En una de esas embestidas bravias, la riada arramblo con los padres y los parientes de la moza, dejandola mas sola que la una, y sin un mal techo donde refugiarse.

Por si esto fuera poco, y por aquellas mismas fechas, la muchacha se entero de que el hombre que la rondaba, tenia hijos con otra mujer. El cielo se le vino encima a la criatura, que se vio en el trance de decidir, si se tiraba al rio alli donde era mas profundo, o le echaba agallas a la cosa, y hacia vida nueva. Y se dijo con razon, que a fin de cuentas mas valor habia que echarle a la vida que a la muerte. Asi que con quince años, y unos ojazos como no los habia alumbrado jamas el cielo murciano, la Isidora lio sus cuatro trapos en el pañolon de flores, y tomo el camino de la Corte. No iba en buscar de hacer fortuna, que no la ambicionaba, pero si a tratar de trabajar honradamente y ahorrar los reales que le hacian falta, para poder comprar los cuatro palmos de tierra arrendada, donde se habia levantado la barraca de sus padres.

En los Madriles, se aposento la Isidora en casa de unos paisanos del Javali, que tenian posada en la plaza de la Cebada. Y hay que reconocer en honor a la verdad, que bien le aumento la clientela a los Mochuelos, que asi se conocia a los paisanos, aunque una no sabe porque. Que al olisque de la moza, acudian arrieros y marchantes, y hasta algun que otro escribano, y gente de mejor calidad, que era mucha mujer la Isidora. Asi entro la murciana en conocimiento con el Jacinto, un chicarron alto y fuerte como un roble. De Asturias era el Jacinto, y muy bien colocado que estaba, que era nada menos que cochero y persona de confianza, de una señorona que hasta titulos tenia. Marquesa dicen que era. Jacinto, pendado de la moza, y temiendo los malos pasos que pudiera dar con tanto trasiego masculino a su alrededor. la recomendo a su señora. Y en mala hora lo hizo, señores, que al fin, se quedo sin ella.

La rueda de la fortuna con sus vueltas locas, llevo a la Isidora de fregona en una posada, a doncella en casa principal. Y ella que era de suyo amoldable, pronto se gano la voluntad de la señora. La voluntad y algo mas, que la marquesa en vez de encontrarle su aquel al cochero como era natural, y que como queda dicho era buen mozo, pues se encapricho con la criada, y le ofrecio comida ...y cama. Ya ven ustedes, en vez de echarse un amante como era lo natural en mujer tan volantera, se lio con la Isidora.

Lo que tampoco se explica una, es que pajaros negros le rondarian por la cabeza a la murciana, para meterse en aquellos lios; ella, que habia bebido los vientos por un hombre, que habia estado a punto de matarse por el ... El refran de la tierra dice que "pa ser... "eso" y no ganar na, mujer honra". Pero la Isidora si se lo gano, que la marquesa le echaba encima todos los Cristos. Los trajes mas lujosos, las joyas mas ricas, eran para su querida, y vestida como una princesa, la lucia en los paseos y los teatros, como el mas enamorado galan, dejando a todo el mundo admirado ante la belleza morena y ardiente de la muchacha. Lo que hubiera dado mas de uno, por saber lo que pasaba tras los rizos que se arremolinaban en sus sienes, por adivinar los pensamientos que rondaban los reovecos de su mente.

La gente de estos lares vuelve siempre, y con el tiempo, la Isidora comenzo a sentir la querencia de la tierra, a añorar los aromas fuertes de la huerta, a perder la color ... Y dio en pensar, en decir ... Y tanto y tanto porfio, que logro convencer a la marquesa para que dejara los resplandores de la Corte, y viniera a hundirse en el transcurrir tranquilo y placido de la vida en la ciudad provinciana, que esa era Murcia por aquel entonces. A lo mejor amenazo con venirse sola, con abandonar a la matquesa... vayan ustedes a saber. Pepo la verdad es, que al poco tiempo la Isidora arrastraba la cola de sus elegantes vestidos, por las calles estrechas y mal empedradas de una Murcia escandalizada.

A la vera del paseo del Malecón, en plena huerta, compro la marquesa una casa, que decian era una maravilla; que por dentro la alhajo como no habia otra en la ciudad. Ni siquiera la de don Justo, el indiano, que era un derrochon, se la podia comparar en lujos y cosas raras. No les digo mas, que por la noche el huerto ardia como una pavesa, porque la marquesa que habia demostrado tener un gusto algo extravagante, habia mandado colgar en cada naranjo, una bomilla del naciente alumbrado electrico.

En fin, señores, que los murcianos tuvieron con que llenarse los ojos, mientras hacian los mas sabrosos comentarios. Las tertulias femeninas sobre todo, estabam al rojo vivo, mientras volaban las agujas de ganchillo, y se tomaba chocolate o aguia de cebá, segun la epoca, para aliviar el sofoco. Se sabian con el menor detalle todos los trajes de la Isidora, trajes que traian de la capital, que eran demasiado elegantes para hacerlos en modistas provincianas. Y muy pronto la ciudad y la huerta, supieron a que atenerse respecto a las relaciones entre las dos mujeres, disfrutando enormemente mientras las criticaban en su comportamiento.

Pero miren ustedes, hasta las pecadoras mas recalcitrantes, han tenido suys devociones, y la Isidora, era devota ferviente de la Virgen morena de la sierra. No se sabe que explicaciones podrían dar a la Fuensanta de su inmoral proceder, pero la Virgen, madre al fin, seguro que la comprendia y esperaria que el tiempo la trajera a mejores caminos. Deseando ganarse de alguna forma el favor de la Fuensantica, la Isidora le ofrecio un regalo fastuoso, un manto como no existiera otro. Y la marquesa, que le hubiera dado la luna, si se la hubiera pedido, solto los buenos duros que costo realizar aquella soberbia prenda. Menudo manto, señores, salio de los teleras murcianos; sin ninguna duda era ofrenda digna para una Virgen. La seda mas pura de los gusanos de la huerta, sirvio para tejer la prenda de una sola pieza, sin costuras, cuajada con los mas ricos bordados que jamas realizaron los artesanos de este reino.

Y con su manto brazo el brazo, se fue la Isidora a ver a los señores de la Catedral, para ofrecérselo. Y no quieran ustedes saber, la que alli se organizo. Ahí era nada, atreverse una pecadora publica como ella, a ofrecerle un manto a la Virgen. ¡Que desvergüenza! La mitad del Cabildo se desgarro indignado las vestiduras, y la otra mitad ... se quedo pensativa

-- ¡Como se atrevia aquella desvergonzada!

-- Tal vez sea un signo de arrepentimiento ....

-- ¡No! No puede ser.

-- A lo mejor, se ha dignado Dios tocarle el corazon ...

--Nada, nada. ¡Ni hablar! Es... casi un sacrilegio.

Y con estos cabildeos, la noticia salto a la calle, y la política y el gobierno, estuvieron en paz durante unos dias, porque los murcianos no tenian tiempo de ocuparse de cosas tan simples. La Isidora y su manto, eran temas mas importantes ... y muchoi mas jugosos,.

¡Era una pecadora y una mala bestia! Eso decian las beatas de mantilla hasta los ojos y rosario de azabache.

¡Pobretica! Dios sabe como habra llegado a esa vida -- Decian los pocos compasivos.

Y se hablaba de ella en los puestos de la plaza, y en las salas de las señoras a la hora de las visitas. Y lo comentaban los arrieros en los mesones, y los señores en sus tertullias del Casino.

Hasta que la Isidora se canso de tantos dimes y diretes, y se planto imperiosa ante el cabildo, exigiendo que decidiera de una vez. O aceptaban el mando para la Virgen, o lo ponia como colcha en su lecho pecador. Y ante esta cortante alternativa, el Cabildo se apresuro a ceder, y el mnto paso a aumentar el lujoso vestuario de la Patrona.

No se sabe como acabo la Isidora. Tal vez abandonara aquella existencia regalada, y se dedicara a otros menesteres mas humildes y mas honestos. O tal vez siguiera aquella vida hasta el fin de la suya. Nadie ha podido decirlo. La pista de la bella murciana se perdio en los senderos del destino, y al no poder conocer su suerte, la Isidora paso a ser una mujer para el romance.

=== === ===

LA REINA MORA

==============

Corria el año 1.063 de la era cristiana, cuando la Murcia musulmana florecia en todo su esplendor. El runruneo de los telares, la animacion de las callejuelas estrechas, el trasiego de los mercaderes que llevaban los mas variados productos a los caminos del mundo arene. Las artes y las ciencias, habian encontrado su mecenas en la persona del emir que acababa de sentarse em el trono mursi. Abuerderranan Ebn Tahir, era uno de los principes mas brillantes y ricos de la España arabe, ya que era dueño de la mitad del oriente musulman.

A la vez, era uno de los mas destacados escritores de la epoca, y encontro la compañera adecuada en su primera esposa, una hermosa y culta musulmana, famosa por su belleza y sabiduría. La reina, componia versos maravillosos, que luego entonaba con su voz melodiosa, y en contra de los enterados que afirman que los musulmanes no promocionan a sus mujeres esta el testimonio de esta reina, y tambien aquella celebra Fahtima, y Zubeyda la poetisa, que florecio en la corte de Ibn Mardenix, pero estas, son otras historias.

Volviendo a la de Tahir, hay que reconocer, que como buen sabio, era un guerrero despreocupado, y que sus tropas eran mas bien escasas. Y todo esto, no era nada aconsejable en un reino que por su riqueza, tentaba la codicia de sus vecinos. De esta situación, se percato el poeta Ibn Ahmar, cuando de paso por la ciudad recibió la hospitalidad del generoso emir, que lo agasajo con gran fastuosidad. Y el ambicioso cortesano, viu muy facil la forma de apoderarse de tan rica prenda.

En compañia de Ibn Ahmar, el jinete de la guerra galopo descarnado por los huertos mursis, arrasando la tierra. Ayudado por el jefe siriaco Ibn Raxid, el poeta emprendio la conquista de Murcia, aunque en honor a la verdad hay que decir, que sin el genio guerrero del sirio, nunca hubiera conseguido entrar en la ciudad. Ibn Raxid, qe ya por entonces se habia convertido en alcalde de Maula, la Mula actual, que era la despensa de Murcia, corto los suministros de viveres a la capital, y en muy poco tiempo, el hambre hizo vecindad en las casas mursis. A la vez, Raxid repartio oro a manos llenas, haciendo veladas promesas de bienes y favores futuros a algunos cortesanos ambiciosos. La verdad es que Raxid, estaba convencido de que una vez conquistada Murcia, el se convertiria en su emir. Ademas ...

Ademas, en los dias en que todavía no se habia quitado la careta, Raxid habia sido huesped en el palacio del emir, y habia visto a su esposa. El sirio, era un hombre maduro, sensual, y quedo prendido en el encanto de la bella princesa, encadenado a su voz que era como el canto de los pajaros, y hechizado por la dulzura que desgranaban sus versos. Y se prometio, que seria el emir de Murcia, y el dueño de la bella princesa.

Los nobles traidores abrieron las puertas de la ciudad, a las aguerridas tropas de Ebn Raxid, y Abuederraman, fue hecho prisionero en su propio palacio. No eran tiempos blandos precisamente, no señores, por lo que tanto el vencido emir como su bella esposa, pensaron que habia llegado el ultimo dia del desgraciado. Que a los vencedores, nunca les ha gustado deja rastros vivos. La reina, que no habia advertido las intenciones del guerrero, fue a pedir gracia para su esposo. Raxid fue inflexible, y las condiciones duras. Ella, a cambio de la vida de Tahir.

Asi que llorando, la desdichada reina abandono su palacio, y fue a habitar en el picacho de Mont Acut, donde el sirio habia sentado sus rreales en la mole rojiza del castillo. La pobre reina preferia saber que Ebn Tahir vivia, aunque sus ojos no volvieran a verlo nunca mas.

En honor a la verdad hay que reconocer, que Raxisd estaba prendado de la reina; hasta tal punto llegaba su amor, que abandono a todas las mujeres de su harem, y solo vivia pendiente de sus menor4es deseos. Las mejores habitaciones de la residencia miilitar, se alhajaron para albergarla, y en menos que se tarda en contarlo, el jefe sirio desmantelo los palacios y las ricas residencias de los nobles murcianos, llevándose lo mejor de cada una para adornar como merecia la estancia de su nueva favorita. Sedas, brocados, telas de altguaxi, anforas de largo cuello donde lucian las rosas, loza dorada, cestos repletos de frutas raras, pajaros exoticos, perfumes orientales ... Era, y nunca mejor dicho, un sueño miliuninochesco.

Pero aquellos luceros que eran los ojos de la reina estaban tristes, muy tristes; y su alma volaba como un pajaro a traves de la abierta ventana, intentando encontrar a su amado. Ebn Tahir estaba libre, Raxid lo habia prometido, pero ¿dónde estaba?. Ahora que ya no temia por su vida, la reina suspiraba. ¡Si solo pudiera verlo una vez mas ...!

En la ciudad, las cosas no iban muy bien. Ebn Tahir, prisionero en una oscura mazmorra, y no en libertad como afirmaba el sirio, habia tenido la valentia de desafiar al fatuo Ebn Ahnar, el poeta, recordándole su humilde origen, y el soberbio personajillo, humillado ante su corte, mando que lo encerraran en las lóbregas mazmorras del castillo de Mont Acut, de donde no se salia mas que muerto, o para ser despeñado en la sima, que abria su terrorifica bocaza ak pie de los solidos muros. Y alli lo envio, cargado de cadenas.

Ls princesa, permanecia como siempre con los ojos perdido, acodada en su alta ventana, a la que ya el pueblo juglar, habia bautizado con el nombre de la Ventana de la Reina Mora. Era como una estatua de mármol, envuelta en sus blancas vestiduras. Desde alli, vio llegar el tetrico cortejo que conducia al desventurado principe encadenado. Mas que verlo desde aquellas alturas, lo adivino el corazon de la mujer, y su alma entera, se escapo detrás de aquella figura vencida. Apartandose presurosa de la ventana, descendio corriendo las escalinatas en busca de Ebn Raxid. Pero el guerrero habia bajado a la capital, y los guardianes no la dejaron pasar. Sin embargo, ante la desesperación de la bella muchacha, el arraez que mandaba la guarnicion, que era un buen hombre, se apiado de ella y le confirmo la infausta nueva.

Bien pudo Raxid dar gracias a Ala clemente, de que en esos momentos no estaba ante ella, porque es seguro que lo habria matado con su propio puñal. No podia hacer nada. Agobiada por el dolor, impotente, la reina subio despacio las escaleras que conducían hasta su alta torre. Se acodo en la ventana. Las lagrimas rodaban sin cesar por sus mejillas; estaba perdida, habia sido engañada vilmente. Y habia faltado a la palabra de fidelidad que le diera a Tahir, para nada ... Ya no volveria a verlo nunca mas ...Sus ojos, cegados por el llanto, miraban sin ver el azul del cielo. Lentamente, subio al alfeizar, y abriendo los brazos como un pajaro, se dejo caer al vacio. Sus blancas vestiduras flotaron en el viento durante unos segundos, era como un cisne al que hubiera derribado una flecha moral. Y se estrello contra las rocas del fondo. Quedo tirada alli, como una flor tronchada, un cuerpo roto, y un alma que volaba libre por fin, rompiendo todas las ataduras terrenales.

Poco tiempo después, Ebn Tahir, ayudado por algunos de sus fieles, logro escapar al vecino reino de Valencia, cuyo rey le ofrecio hospitalidad, y alli le llego la triste noticia de la muerte de su amada.

En cuanto a Ebn Raxid, apenas si pudo sobreponerse a la perdida de la hermosa princesa. ¡Se sentia tan viejo ...! Muy cansado. Y hasta le fin de sus dias, no pido borrarla de sus pensamientos.

Durante siglos, las gentes que vivian cercanas al castillo, juraban convencidos, que en noches de luna lunera, se asomaba a la Ventana de la Reina Mora, una figura femenina envuelta en blancos velos. Y que una voz dulcisima, entonaba una jarcha muy triste.

=== === ===

LA CONSTANZA

=============

Desde tiempo inmemorial, se llamo la Carrera Trabada, a la vieja Traperia. A uno de su remates, en los limites con los Padres Predicadores se la llamaba, porque alli estaba, la Puerta del Mercado, y asi se mantuvo hasta el siglo XIX. La Carrera Mayor, la llamaron tambien desde que la atravesaraon las huestes conquistadoras de la Cruz. Y sobre al año 1.414, hubo que ensancharla, porque según decian viejos papeles ...

"Era tan angosta, que a mala vez, puede pasar una exabega de paja e unas aporraderas encima de una acémila".

En esta calle, tenian sus dominios las tiendas de los cambistas, de peleterías, de traperias, y de todo lo que con ellas tuviera relacion, según las antiguas distribuciones que de las calles de la ciudad, se hicieron para los viejos Gremios.

En la Traperia, vivia Juan el colchero. Alli tenia su negocio, y en las habitaciones de arriba, la vivienda, que compartia con su esposa, Constanza. Mujer de bandera donde las hubi4era. y de bien, que no era la Constancica moza volantera. Asi que no se explica una, como se le ocurrio ponerle el ojo a un vecino llamado Juan de Oña, y que no se sabe que oficio tenia. Todo el santo dia, se lo pasaba entrando y saliendo en el negocio del marido, con la pretension de ver, aunque fuera de pasada, a la dama de sus pensamientos.. Pero la mujer, que lo que tenia de guapa tenia de avisada, le vio la intención al vecino, y para evitar enfrentamientos entre el y su marido, que era algo celosillo, procuraba encontrárselo lo menos posible.

A causa de su negocio, Juan tenia que ir a veces a los pueblos vecinos, y claro, el viaje en aquellos tiempos, era casi una aventura. Lo que ahora se hace en media hora, era a lo mejor un dia, a lomos de caballerias, o en carro tirado por mulas. El caso es, que en algunas ocasiones, el colchero tenia que pernoctar fuera de la ciudad, que tampoco eran seguros los caminos, sobre todo en la oscuridad. Y en una e esas veces ...

-- Mujer, no me esperes esta noche, que se me hara oscuro antes de que pueda darme cuenta, y prefiero salir con el alba, que no estan los caminos para internarse por ellos.

-- No te preocupes, hombre, que aquí quedo yo, por si viene alguien a la colcheria.

-- Si tienes miedo a quedarte sola, podemos llamar a la vecina, y que venga a dormir contigo. Tambien ella esta sola, y os hareis compañía.

-- ¡Deja alla, marido1 Que no hay que estorbar a la gente. Ella esta en su casa, y no le gustara ir a dormir fuera. A mi no me preocupa quedarme sola. Pues ¿que? ¿Crees acaso que me dan miedo los fantasmas o los visibilos? ¿Acaso es la primera vez?

Como ven ustedes, la Constanza, era mujer de agallas.

-- Bueno, bueno – la apaciguo el colchero -- No te sulfures, mujer, que ya se que eres valiente. Ea, me voy ya, y hasta mañana. Queda con Dios.

--Que El vaya contigo.

Y el colchero, acoplo todos sus avios en el carro, y tomo el camino de las afueras.

Juan de Oña, que no perdia ripio de lo que pasaba en la vivienda, descuidando su negocio, el que fuera, las mas de las veces, se percato de la salida de Juan, y empezo a hacer sus planes. El verano habia caido sobre la ciudad, y bueno es el calor por estas tierras. Fuego echaban las calles, y como hacia tiempo que no habia llovido, el polvo y el calor se mezclaban, y las sofocantes noches murcianas, no habia cristiano que las soportara,. La Traperia, era el centro de la ciudad como quien dice, y quedaba fuera de las brisas de la huerta, y aunque era calle estrecha, en la que entraba poco el sol, se pasaba tambien lo suyo. Asi que la gente, cuando la vivienda no estaba a ras de la calle , dormia con las ventanas abiertas. Y eso era lo que hacia Constanza, que soñaba se supone que con los angeles, cuando el mentado Juan de Oña, consiguió encaramarse en su ventana, conm la ayuda de una escala.

Con muchos sigilo, el vecino salto dentro de la habitación, pero entre la oscuridad reinante, y que no conocia la distribucion de los muebles, tropezo con un banquillo, y estuvo en nada que se partiera el alma. Al ruido, se despertaron la dueña de la casa, y un gato que la acompañaba, y se armo tal baraunda, que mas parecia que habian entrado duendes en la casa. El Oña, quedo arañado como un Ecce Homo, y aunque le echaron la culpa al gato, la verdad es que el pobre animalico, bastante tenia con bufar, y saltar espantado por toda la habitación, maullando como si lo estuvieran matando y conctribuyendo con mucho al guirigay que alli se armo. La Constanza, después de arañar a conciencia al vecino, salto por la ventana tal como su madre la trajo al mundo. y no se costipo por el calor reinante, pero se quebro un pie, con lo que al escandalo organizado, se unieron sus gemidos de dolor.

Mujer valiente si que lo era, pero se llevo un buen susto, y todavía temblaba, cuando aparecio su marido al dia siguie4nte. No se sabe como se lo tomaria el colchero, pero se supone, que después de ver el aspecto de Juan de Oña, consideraria su honor no solo lavado, sino blanqueado y planchado. De todas formas, la Constanza y su marido, se quejaron a las autoridades, y el juicio se celebro con una afluencia de publico, como no se recordaba en los anales de la ciudad.

El Concejo, habia tomado cartas en el asunto, y pregono las virtudes de la Constancica, y como eso de "los duelos con pan son menos" siempre se ha tenido en cuenta, acordo a favor de ella y de su marido ...

"Para todas sus vidas sean exentos e francos, e no paguen tributos ..."

Como ven ustedes, la cosa no les fue tan mal. Que el marido, se quedo bien orondo y satisfecho de la buena mujer que le habia tocado en suerte, y encima, se encontraron bastante aliviada de algunos impuestos, la bolsa conyugal.

Y para que todo terminara bien y vivieran felices, les dire que a la Constanza, le arreglo el pie un medico que era la mar de mañoso, y se le quedo como nuevo. Con lo cual, no mermo en nada su hermosura.

En cuanto al vecino Juan de Oña, aparte de que fue multado por la autoridad por su desvergüenza, se le quedaron para toda la vida, las señales de los arañazos que le propino la brava Constanza.

=== === ===

LA COMICA DE LA CUEVA

=====================

Seguro que hay muy pocos murcianos que ignoren, que la famosa Cueva de la Comica que hay en el monte, se llama asi porque durante muchos años, albergo a una de las mas famosas comediantas de aquellos tiempos. Se llamaba Francisca de Gracia, y era la estrella en la Compañía de Andres de Claromonte, aunque han llegado a decior, que actuaba con otro nombre artístico. Tambien se cuenta, que era una de las cómicas mas solicitadas, y riquísima, que ganaba las monedas de oro como si fueran chavos. Lo cierto es, que la tal Francisca fue muy discutida, porque unos la ponian por las nubes, afirmando que era piadosa como un angel, y que se sabia de buena tinta, que cuando actuaba en Murcia, acudia todos los sabados a la misa primera de la Catedral. Y sin embaRgo, sus detractores, que tambien los tenia, aseguraban que la Francisca era una pajara de mucho cuidado, y que a santo de que tenia que encerrarse en una cueva a mortificarse, si no tenia culpas que pagar. Conque vayan a saber ustedes, señores, la verdad del cuento.

La verdad es, que muy buenos dineros debio de ganar, a juzgar por el rico ajuar que poseia, y los caudales que se gasto en las obras del monte. Y ante eso, es lógico que la gente se preguntara que vientos le correrían por la cabeza a la Francisca, para dejar de pronto su brillante mundo de candilejas, e ir a encerrarse el resto de sus dias, en una cueva sombrioa ytriste. Buemo, y el marido ... mucho debia de quererla el marido, cuando la siguió en su vida ascetica. Fue dejar de golpe los lujos, la comodidad de aquella epoca, la buena mesa, por una vida frugal, dura la mayoria de las veces.Que no se debia estar muy comodo que digamos, en la cueva del monte

Que quieren ustedes, a lo mejor era de verdad una santa. O sabe Dios que ocultos y terribles pecados tendria que purgar ...

El caso es, que un buen dia abandono las tablas, y aparecio por Murcia acompañada de su marido, Juan Bautista Gomez, y aquí se aposentaron durante algun tiempo. Hasta que salto la noticia que conmovio a aquella ciudad provinciana, que era la Murcia del siglo XVIII. La comica, la deslumbrante Francisca, habia solicitado del Cabildo, que la dejaran habitar en la cueva de la sierra, junto con su marido. Su valedor en esta petición, fue Gabriel de Valcarcl, que tampoco se sabe que relacion le uniria a la pareja, pero que estuvo ligado a ellos casi veinte años.

-- ¿Se ha enterado de la noticia, doña Josefa?

-- ¡Ay, hija, ya lo creo! ¡Estos comicos ...!

-- Pues a mi me parece una buena mujer. ¡Porque mire usted que dejar su vida tan regalada, para ir a encerrarse en una cueva ...!

-- ¡Menuda lagarta tiene que ser! Sabe Dios que horribles pecados habra cometido en su vida ...

-- ¡Una santa, dola Pilar,, una santa! Eso es lo que es. Y pensar que nunca nos habiamos dado cuenta de que era una santa ...

Y no crean ustedes, que se escapaban de este comadreo las tertulias masculinas.

-- Algo se traeran entre manos, don Julio, algo se traeran. Y veremos, si no es que los sigue la justicia.

-- Pues yo de el, cogia una buena vara de almendro, y la volvia cuerda. ¡Mira que obligarlo a encerrarse en una cueva!

-- ¡Caballeros, por favor! Son buena gente, muy piadosos, y hay que pensar en el bien del alma.

-- A estas comicas, señores, me las conozco yo bien. Cuando estuve en la Corte ...

Y por fin, en las Actas Capitulares del 23 de febrero del año 1.610, se concedio a Francisca de Gracia el titulo de Santera del Monasterio, o de la cueva, como ustedes prefieran.

Buenos dineros que se gasto en aquella oquedad, porque según decia el Beneficiario de la Catedral, alla por el 1.626, y refiriendose a la gruta ....

-- Antes de la Comica, no habia alli cosa ni alhaja de pared ...

Como tacita de plata dejo la cueva Francisca; sin lujos ni comodidades, por supuesto, que no irian bien con la vida de penitencia que queria llevar. Según se entraba en ella, habia una especie de atrio, con un poyeton corrido con respaldo labrado en piedra. Se subian unos peldaños, y el paso quedaba cerrado con una abertura con reja, y sobre ella, una lapida quecontaba al que hasta alli llegaba ...

"Cueva de la Comica, conservada en decoro de la historia y tradición local, por la Academia murciana de Alfonso el Sabio".

En el interior, habia dos amplias estancias, abriendose en la pared de una de ellas una hornacina, que cobijaba una imagen, con su lamparilla siempre encendida. Y alli paso la Comica, casi treinta años de su vida. Murio su marido, Juan Bautista, y ella siguió alli. Sola.

El 16 de agosto del año 1.638, se puso enferma repentinamente, y cuando unos pastores avisaron a su confesor, que era el Padre Guardian de los Capuchinos, la Comica fue traslada al Hospital, donde murio ese mismo dia. Fue enterrada al dia siguiente, en la cripta del convento de los Capuchinos. A ellos les habia dejado el cuadro de la Virgen con el Niño, que habia traido de la sierra. Para el mantenimiento del eremitorio, dejo todas sus joyas, que parecian arrancadas de un tesoro oriental; sus trajes, que eran riquísimos, cuajados de perlas y pedrerias, y mas de dos mil ducados. Con todo esto, según dicen, se empezaron las obras de la ermita en el año 1.694. Eso, sin contar todas las reformas que ella habia hecho en la cueva, y los dos retablos que habia costeado, uno para la Virgen, y otro para un Santo Cristo.

Y para que nada faltara en lo que parece una leyenda devota, dias después de morir, un pastor aseguro que la habia visto en la cueva. Era ella, afirmaba.

la habia visto con sus propios ojos.

Asi termino la vida de Francisca de Gracia, famosa comedianta en su tiempo, y a la que los siglos, olvidándose a veces de su nombre, la conocieron como la Comica de la Cueva.

=== === ===

LA SATISFECHA

==============

Guapa, hembra de rompe y rasga. Mujer para un cante, o para inspirarlo. Asi era, Emilia Benito Rodríguez, figura que lleno una epoca del folklore español, con el sobrenombre de "La Satisfecha". Los finales del siglo XIX, presenciaron la llegada al mundo de esta cantaora de La Union, nacida en la calle Alta de la ciudad minera, y en el hogar del practicante del Hospital de Sangre de Murcia, que por las cosas de aquellos tie,pos, era tambien barbero. El mar y la mina se fundieron en la carne de la Satisfecha, y es que señores, su madre, la seña Josefa Rodríguez, era nacida en la salinera San Pedro del Pinatar, a orillas de la mar.

El padre de Emilia, ganaba sus buenos duros, y tenia varias barberias; la que estaba situada en la calle de la Uva, paso a la historia porque andando el tiempo, se convirtió en una sala de espectaculos, y corria el año 1.962, cuando con el nombre de "Jardines Merry", fue el escenario de uno de los famosos festivales mineros.

En la barberia fue creciendo Emilia, y a la vez que veia rapar una barba y hacer una sangria, iba aprendiendo la malagueña y los otros cantes cartageneros, que entonaban los parroquianos de su padre.

Le tiraba a la Satisfecha eso de las tablas, que ya desde pequeñita se reunia con las otras crias de la calle, y organizaban unas veladas musicales, que eran la gloria bendita. Pero no era solamente jugando cuando cantaba, que su voz angelical se elevaba pura y dulce, hasta mas alla de las nubes, en la tardes otoñales, cuando La Union rezaba sus novenas, en honor de la patrona, la Virgen del Rosario. Y hasta dicen, y se lo puede uno creer que era mucho la Satisfecha, pues dicen, que en la Catedral de Murcia, dejo una vez su cante.

Crecia Emilia con bastante regalo, porque como les decia, era acomodada la familia del Figaro, y es que señores, en aquellos tiempos, entre sangrias, sacar muelas, y rapar barbas, que era lo suyo, las barberias eran una mina. Sin embargo, como paso con casi todo el mundo en aquella dramatica crisis de la ciudad minera, los coletazos de la quiebra alcanzaron tambien a la familia de los Benito, y hasta la cria tuvo que aportar su trabajo. Primero fue un taller de costura, y luego Emilia se marcho a Archena, que estaba en plena temporada de baños, y pudo colocarse como camarera en el balneario. Las pocas perras que podia ahorrar, se las gastaba en acudir a ver todas las compañias de cómicos que pisaban la localidad archenera. Los pasillos del balneario, sus habitaciones, los verdes imposibles del entorno, recogieron el cante de la Benito, que hasta el agua y el aire parecian acompañarla. Emilia era siempre un cante, y una vez, alli mismo en el balneario, canto ante un señoron muy importante de la Corte, el Duque de Adria, que no esperaba encontrar tal atracción en la provinciana estacion termal.

Cuando termino la temporada en el balneario, Emilia volvio a La Union, y se incorporo otra vez a aquel taller de costura que habia endilgado antes de marcharse. Regresar a aquella monotonia de la vida cotidiana, hacia que La Union se le cayera encima a la muchacha. Sus ojazos soberbios, se perdían en un invisible escenario que se alzaba alla en lo alto, en el cielo, y su mano se quedaba en el aire, abandonando la tela y esbozando un quiebro ...y casi sin darse cuenta, lanzaba al viento su copla. A veces, era aquella entrañable cartagenera, que por si sola, ya le dio la fama.

"Anda y dile a mi Gabriela
que salgo pa la Herreria.
Que duerma y no tenga pena,
que antes que amanezca el dia
estare yo en Cartagena."

Emilia tenia voz, tenia temperamento, y poseia ademas, esa desenvoltura tan necesaria para triunfar en los escenarios. Asi que, cuando la Compañía de

Francisco Lozano visito La Union, logro hacer amistad con algunos de los actores, que influyeron para que Lozano, le ofreciera un puesto en la Compañia. La seña Josefa, estaba enterada de aquellos tejemanejes artisticos, pero no el barbero, ni los hermanos de la Satisfecha, que ya sabia ella que no iban a aprobarlo. Asi que sin decir ni media palabra, Emilia abandono el hogar, pañuelo de cuatro puntas con sus trapitos, y abrio la puerta a la rueda de la fortuna.

Durante dos meses, la muchacha hizo el aprendizaje en Lorca, sin ganar una peseta y gastándose encima sus cuatro cuartos. Pero con su debut en "Los chicos de la escula", en Huercal Overa, Emulia Benito gano su primer sueldo fijo, nada menos que diecisiete reales diarios. Ya era la Satisfecha, ya se consideraba una figura.

Pero ya ven señores, la comedia no se habia hecho para Emilia, lo suyo era el cante; y en Almeria, debuto con variedades en el Salon España. Jotas, fñamenco y canción ligera, componian su repertorio. El sueldo, diez pesetas diarias, un capital en aquella epoca. Barcelona la vio llegar con la Compañía de Pino Oliver, y con "La buena sombra", se metio en el bolsillo a los catalanes. Convertida en gran estrella, la Satisfecha siguió su gira triunfal por España. Mallorca, Malaga, actuaciones en el celebre "Trianon" ... En los cantos asturianos, la acompañaba siempre el celebre gaitero Olibardon.

La Satisfecja, subio como la espuma. De La Satisfecha se hablaba en España entera. De ella y de sus amores. Y de sus mantones de Manila, que hasta cuarenta llego a tener. Su capricho por los pañolones era famoso, y hubo noche, en que llego a lucir hasta doce distintos. Bien pudiera ser una pequeña revancha por aquel primer manton que lucio, y que tuvo que alquilar. Tambien sus joyas eran deslumbrantes, tenia tantas y tan valiosas, que bien podian pertenecer a una reina.

Y como una reina, era La Satisfecha de desprendida y generosa. Estando en Sevilla, le entrego a un pobre, las quinientas pesetas que acababa de ganar en un concurso. Otra noche, la Corte fue el escenario de su esplendidez. La cantante salio de su espectaculo acompañada del hijo del Rojo, Antonio Grau, un fiel admirador de Emilia, y que le escribio casi todas las canciones de su repertorio. Iban paseando Atocha arriba, cuando se encontraron un ciego que cantaba tristemente, acompañándose con una guitarra. Con uno de aquellos arranques tan suyos, La Satisfecha mando parar el coche y se apeo.

-- Que Maestro, ¿se da bien la noche?

-- ¡Que va, señorita! Ni una perra ...

La Satisfecha, sin pensarlo dos veces, se lio en su fastuosa capa a manera de manton, y se arranco con su "Gabriela". Hasta las piedras se ponian de pie para escucharla, señores. Una no puede saber de donde saldria tanta gente a aquella hora tardia, pero a los pocos minutos, habia un corro enorme alrededor de Emilia y el sorprendido ciego. Cuando termino su cante, la Benito tomo el raido sombrero de su ocasional acompañante, pasándolo entre la concurrencia, reclamando un donativo. Los billetes se desbordaban, y el pobre hombre creia estar soñando, porque en su vida habia visto tamto dinero junto

Una se la puede imaginar, paseando desafiante su poderio por el mundo, su belleza, su satisfacción de real hembra que ha triunfado ... pero siempre, con un punto amargo en el fondo de la mirada. Porque aquella mujer, señores, que parecia que lo tenia todo, fue muy desgraciada en amores. Durante largos años, su vida estuvo ligada a la de un hombre casado, del que al fin se separo, luego de escenas borrascosas. Y tuvo otros quereres en su vida, que La Satisfecha, no fue precisamente una santa. Y se cuenta, que ya mayor, en su andaduras por las tierras mexicanas, contrajo matrimonio con alguien de quien ni siquiera nos ha llegado el nombre.

Y al final, una mujer que tanto habia ganado, y derrochado, a veces en beneficio de los demas, murio en México sola, y sin un real. Por entonces, trabajaba donde podia como cerillera, y dicen, que la muerte fue compasiva con ella, porque llego sin que se enterara, muy suavemente. Y lo mas triste, es que por entonces, sus amigos estaban gestionando su regreso a España.

Hoy, La Satisfecha ha entrado en el mundo de la leyenda, es una mujer para el romance.

=== === ===

MARIA GUERRERO

================

Entre los viejos edificios que habia en la ciudad, y que representaban una epoca, estaba el Gran Hotel y Restaurante Patron, ya desaparecidos. La impresiónante puerta de cristales, cruzada por una barra que parecia de oro de puro reluciente, quedo entornada en el recuerdo, tras el paso de la soberbia mujer que se llamo Maria Guerrero. Para los romanticos, tal vez resulte facil cerrar los ojos al pasar por el lugar, y contemplar el portero, enfundado en su uniforme que le hacia parecer un general, inclinarse ceremonioso al paso de la gran actriz. Toreros, políticos, actores, rendían su homenaje a la bella dama, mientras que enfrente, en el Casino, lo mas selecto de la sociedad murciana, contemplaba admirativa a la mujer, que era mil mujeres distintas, que podia crear el sortilegio de hacer revivir heroinas desaparecidas, y que parecieran reales lo que solo eran criaturas imaginarias.

El hotel, ocupaba la vieja casona de los Marqueses de Beniel, y hasta tenia su ómnibus propio, para ir a esperar a los viajeros que llegaban a la estacion. Maria nunca lo uso, que para su transporte cuando estaba en la ciudad, contaba con los servicios de El Perchero, un gitano que le facilitaba los mejores caballos de tiro, que trotaban las calles murcianas. El viejo hotel, se conmovia cada vez que la actriz anunciaba su llegada. Ella siempre se hospedaba alli, tenia sus habitaciones reservadas, y las ocupara quien las ocupara, asi fuera la persona mas principal, cuando Maria llegaba, estaban siempre dispuestas.

¡La de veces que se asomaria por aquella baranda, que abria las habitaciones al patio central! Cuantas veces descenderia aquella amplia escalinata, del brazo del marques, señorial y altiva, recogiendo su cola como si fuera una reina, para irse despacito, andando, hasta el teatro. Y mas de una vez, los grandes espejos del rico comedor de caoba, recogieron su gesto coqueto, arreglándose un rizo.

El Hotel Patron tenia usia, que no solo cobijaba a Maria Guerrero, y a su esposo, Fernando Diaz de Mendoza, Marques de Fontanar, Conde de Balazote, y comico por aficion, sino que fue el lugar, donde se instalo por primera vez en Murcia, un ascensor.

Pero mejor sera comenzar por el principio, que a una se le va el santo al cielo. Maria Guerrero, nacio en Madrid en el año 1.868, y era una muchacha reservada y cortes, una gran actriz con un talento genial como tragica, que aparte de eso, se esforzaba pro aprender, estudiando mas y mas cada dia. Al principio, fue alumna de Teodora Lamadrid, pero pronto, y empujada por su vocacion, viajo a Paris, donde consiguió recibir clases de la mismísima Sara Bernhardt. Estudio historia del arte, de la indumentaria, leia, ensayaba ... Y se fue creando una firme reputación como actriz. Mientras actuaba en la compañía que representaba en el Teatro Español, la obra de Echegaray, "Mariana", conocio al aristocrata metido a comico Fernado Diaz de Mendoza. Era la priumera vez que el actuaba en publico, y era el beneficio de una joven actriz que se llemaba Maria Guerrero.

Desde que sus miradas se cruzaron, el noble quedo prendido en aquellos soberbios ojos, donde brillaba la llama del genio. Hay que decir tambien, que a Maria no le impresiono menos aquel señorito, que no se le habia ocurrido otra cosa, que dedicarse a las tablas.

-- Caprichos de rico ...

Penso Maria, encogiéndose de hombros.

Pero no podia evitar, que sus miradas se escaparan hacio la figura del apuesto y novato actor. En fin señores, no les digo mas, que un año después, se casaban en la Iglesia de la Almudena de Madrid, ante el entusiasmo de sus admiradores. No hubo viaje de novios, que desde la iglesia, la pareja se dirigio al teatro donde se representaba por aquellos dias, la obra de Feliu y Codina, de ambiente murciano, “Maria del Carmen”. La obra, contribuyo con mucho al descubrimiento de Murcia por los españoles, avalándola el hecho de ser representada por un murciano, que ademas era Grande de España. Y para que vean ustedes lo que son las cosas, no fueron ellos quienes la estrenaron despues en Murcia.

Ya con compañía propia, el tandem Guerrero-Diaz de Mendoza, elevo el teatro a planos muy superiores. Ellos era señores, y su señorio, se reflejaba en toda su actuación. En las escenas en las que figuraba alguna comida, todo lo que se servia era autentico, salido de la excelente cocina del Hotel Patron cuando estaban en Murcia, y por el Romea, se extendia un aroma, que alimentaba solo con olerlo. Y lo mismo hacian en sus actuaciones en otros lugares. De esas opiparas comidas, daban buena cuenta después de la representación, los tramoyistas, carpinteros, electricistas ...

Aparte de esto, Maria era esplendida como una sultana, y muy generosa.a Aquí en Murcia, entrego rumbosos donativos, para aquella celebre Tienda Asilo; y el Teatro Romea, se engalano con un magnifico telon de boca, que representaba “El Corral de la Pacheca”, salido de las manos de Emilio Sala, fue el regalo de Maria, con ocasión de abrirse el teatro después de uno de los incendios. Aquella noche, el 16 de febrero del año 1.901, Maria y Fernando, representaron la obra de Jose de Echegaray, “El estigma”.

En todos los circulos, tanto del teatro como sociales, eran famosas las joyas de la actriz. Eran magnificas, y aparecia en escena con ellas, engalanada como una reina, y destacando sobre todas, un soberbio brillante. Y cuando en 1.902, le ofrecieron un beneficio en el Teatro Tocon, recibio entre otros regalos, una principesca corona de oro y brillantes que vino a aumentar su maravillosa colección.

La venida a Murcia de la pareja, era todo un acontecimiento. Ademas de todo el revuelo que se organizaba en el hotel, los marqueses, que estaban relacionados con lo mas selecto de la aristocracia nacional, organizaban en los entreactos de la obra, y al finalizarla, unas tertulias la mar de animadas en su camerino.

Maria y Fernando, viajaron por Italia, por Francia, por Bélgica... En Buenos Aires, compraron el Teatro Cervantes, y al volver a España, crearon el famoso Teatro de la Princesa. en Madrid, que se convirtió en el centro del mundillo teatral. Tuvieron exitos clamorosos, y un gran pateo, tal vez el unico, cuando estrenaron aquí "La tunica amarilla", obra de ambiente japones, que tenia como fondo una hermosísima cortina dorada.

Hacia el final de su carrera, Maria estreno "La leona de Castilla", en la que hizo la presentación de un nuevo actor. Su hijo, Luis Fernando Diaz de Mendoza y Guerrero.

Maria murio antes que su marido, el dia 23 de enero del año 1.928, en su Madrid natal. Su nombre, quedo unido para siempre a la historia del teatro, algunos incluso lo adoptaron. Murcia, esta Murcia que tanto amo, aunque no era hija suya, le agradecio su cariño, perpetuando su nombre en una calle.

=== === ===

CATALINA LA EMBUSTERA

======================

"Esta es la historia, señores,
de la hermosa Catalina,
conocida en todo el reino,
y no por sus obras pias.
Fue moza de picos pardos,
en su oficio afamada.
Por sus muchas picardias
La Embustera era llamada".

No se sabe, si algun juglar de la epoca, le dedicaria algun pliego de cordel, algun romance de ciegos, que luego se cantaria por toda la calle de Bodegones y en las plazuelas de la ciudad. Pero seguro que si lo hicieron, algo asi dirian de ella. Se rumerea, que le dedico uno de sus romances, nada menos que Polo de Medina, en el que por cierto, no quedaba muy bien parada. Y es que señores, la Catalina era, con perdon, pendon donde las hubiera,

Esto no es e extrañar, en una Mucria como aquella del siglo XVI, en que le toco vivir. La Mancebia, se extendia por toda la Arrixaca nueva, es decir, la colación de San Miguel que llamaban, a la vera de la Casa de la Compañía, de la Compañía de Jesús se entiende, y bastante que protestaron los Jesuitas de tan desafortunado vecindario, aunque la mayoria de las veces, no les hicieron mucho caso. Y es que los dueños de negocios tan rentables, eran los ricachones de la ciudad, algunos hijosdalgo de Murcia, que no veian ningun desdoro en poseer entre otros bienes y negocios, unas cuantas cacas , oficina del oficio mas viejo del mundo. Alli se levantaba la Mancebia, que tenia hasta su botica, , y era nido de truhanes y gentes de mal vivir. Un mundo la mar de faunesco y picaro, en el que habia que andar a salto de mata. De vez en cuando, los corchetes hacian una incursión, pero según el decir de las malas lenguas, era para cubrir las apariencias, que tambien ellos sacaban tajada de tan saneado negocio.

Pero volviendo a Catalina, que es la que importa, dicen que nacio en la desaparecida plaza de los Gatos, y que sus padres eran gente del pueblo, honrada y trabajadora. La verdad es que nadie hubiera podido ni soñar, la carrera que iba a emprender la moza, su cara inocente y sus candidos ojos, abiertos en perpetuo asombro, engañaban al mas vivo. Al principio, entro como fregona en una casa, pero bien pronto descubrio, que a poco que se lo propusiera, los demas podian estar a su servicio. Y harta de usar humilde zagalejo y alpargatas, penso que eran mejor los rasos y los abalorios. Y a la calle se lanzo, y miren ustedes como salio de fina la moza, que en aquel mundo de farsantes, pronto se gano el apodo de "La Embustera".

Fue la mas afamada moza de partido, que troto la Murcia de aquella epoca. "Mozas de picos pardos" las llamaban, por el color del vestido que la ley les obligaba a vestir, tijereteado a picos. Claro que las tales, los disimulaban con arrumacos y telas de colorines. Las de menos precio, con jubón y pañuelo bordado sobre zagalejo totanero. Las mas señoritingas, como era la Catalina, que para eso era mujer de precio, con chapines y miriñaque, y el pelo puesto en jaulica, que bien que daba la pega, que mas semejaba dama y muy principal. Tan finolis parecia Catalina la Embustera, que hizo picar en su anzuelo a un indiano que llego de las Americas, podrido de dinero. Era el tal, segundon de casa solariega, que ante la imposibilidad de ver un ochavo de la fortuna paterna, se lanzo a hacerla por su cuenta en el Nuevo Mundo. Y miren por donde, la suerte le dio la cara, y volvio de alli mas rico qie el marques de Carabas.

Pero señores, el indiano que se llamaba Don Cosme, estaria acostumbrado a batallar con los indios, pero seguro que no se habita topado en su vida, que ya llegaba a la mitad, con una mujer como era la Catalina.

La Embustera, le conto a don Cosme una fantasia morisca, y nunca mejor dicho, porque según su versión, habia sido raptada de muy niña de su lugar del Pinatar, que por cierto no habia pisado en la vida, pues habia sido raptada digo, por un barco corsario, que la llevo al Africa, donde fue vendida a un moro muy principal. Tan prendado quedo el moraco de la bella Catalina, que se caso con ella según la ley de Mahoma, alhajándola como una reina. Pero ella, que suspiraba por su pequeño pueblo pinatarense ...

-- Y es que mi buen señor, una mujer de fe como lo es servidora, no podia vivir en aquella tierra de infieles, por muy regalada que estuviera ...

Y como afortunadamente, seguia contando, no habia tenido hijos con el africano, logro por fin regresar a España. Y aqui era donde la moza se liaba un poco, porque lo mismo hablaba de generosos rescates de los Mercedarios, como de una azarosa huida, agua a traves. Aunque como Don Cosme estaba tan embobado con ella, no andaba para sutilezas, y se trago el embuste. Y Catalina, envalentonada, siguió hilvanando su historia. Cuando su familia, que era gente muy principal, la vio aparecer emparentada con un moro, aunque no fuera por la ley de la Iglesia y lo hubiera abandonado, pues le cerraron las puertas, dejandola desamparada

--. Solo me queda el vestido que llevo, y alguna alhajilla barata. Que lo demas, las ropas y joyas de valor, las he tenido que malvender para poder comer, y mantenerme con decencia ...

¡Menuda casa, señores, le puso el ingenuo de Don Cosme a la Catalina! En el Canton del Cabrito estaba, que miren ustedes por donde, resultaba la mar de apropiado. Porque tan pronto se vio la moza instalada como una señorona, abrio despacho en la casa del indiano, sirviéndole como pasante, una vieja alcahueta a quien se conocia como La Pedigüeña. Hasta que el indiano se olio la tostada, o se lo soplo alguno, y puso en lgrito en el cielo. Y la Embustera, el chapin en su trasero, lanzandolo a la calle de la casa que tan ricamente habia puesto.

Si ustedes piensan que hizo dinero, y vivo una vez regalada,estan muy equivocados, que Catalina, fue cigarra en vez de hormiga, y volvio a al valle, tan promto como pulio la casa y lo de valor que habia en ella. Que habia sido rumboso el indiano al ponerla. Y a fe que no tardo mucho en ello. Se ha oido decir, que la vejez le fue mala, que acabo hacieNdo alcahueterías y hechizos, seguida de cerca por la temida Santa Inquisición. Pero vayan ustedes a saber la verdad de la historia. Lo que si es cierto, es que durante largo tiempo, la historia del moro de Catalina, fue referida en bodegones y burdeles, entre chanzas y risotadas..

=== === ===

SOR JUANA DE LA ENCARNACION

A la religiosa agustina Sor Juana de la Encarnación, se la conocio en el mundo como doña Juana de Montijo y Herrera, y habia nacido en el seno de una noble familia murciana, el 17 de febrero de 1.672. En muy buena casa le hizo su estrella nacer a Juana. Un cason señorial, de solida piedra sillar, heredado de padres a hijos durante generaciones. En los grandes salones, en las largas galerias, aparecian retratados por los mejores pintores de su epoca, toda una serie de ilustres antepasados, desde nobles a soldados, pasando por obispos, que miraban altaneros a sus descendientes, desafiándolos a igualar sus hazañas.

Las altas paredes, estaban cubiertas de ricos tapices de Flandes, y aquí y alla, habian soberbios mubles de nogal y caoba, entallados con baquetas cordobesas tachonadas de clavos de estrella. Largas mesas adornadas con paños bordados, rodeadas de poltronas de terciopelo moruno, en las que campeaba el blason de la familia. Bueno, esto de los blasones, era casi una mania, que se repetia en las chimeneas, en los guardapolvos de los tapices, en las alfombras moriscas, en los candelabros de bronce de siete u ocho brazos, que dejaban caer goterones de cera, en las llandas sobre las que se apoyaban. En fin, que era casa muy principal, si señores, y como tal, estaba atendida por numerosos servidores.

En aquel ambiente reposado, transcurrieron los primeros años de la vida de la niña, en medio de un horario que nunca sufria cambios. Antes del alba, se levantaban los criados, y con la amanecida, lo hacian los señores y sus hijos. Luego, todos juntos, oian la misa en el oratorio de la casa, rezada por el capellan de la familia, que al terminar el oficio religioso, hacia mesa redonda con los de la casa, para saborear el delicioso chocolate mañanero, acompañado de los exquisitos bizcochos salidos de las cocinas conventuales.

Una vez que se habia desayunado con todo reposo, que no eran tiempos de prisas, se levantaban los manteles. Ademas de que los señores no tenian otra cosa que hacer hasta las once, mas que visitar conventos o asistir a funciones religiosas. Y digo hasta las once, porque esta hora, era la hora sagrada del yantar, y nadie permanecia fuera de su casa, a menos que estuviera invitado a comer en otra. Y tengan por cierto, señores, que no se desmayarian con todas las suculentas comilonas que adornaban las mesas.

Después, llegaba otra hora sagrada, la de echar la siesta. Una buena siesta como Dios manda. En verano, en las sombras rumorosas de los patios, con el aroma dulce de los jazmines y los galanes. En invierno, a la vera de la amplia chimenea, donde las buenas rajas de olivera, se retorcían como duendes del fuego. Despues, el paseo. Un largo paseo antes de que el sol se pusiera, en las doradas tardes del invierno, y al anochecer, con la fresca, en los calurosos dias veraniegos. Y si era dia festivo, y se sabia que habria tertulia en las casas de los conocidos, con el reconfortante aliciente de las grandes bandejas llenas de bizcochos de las monjas de Madre de Dios, bizcochadas, azucarillos, jicaras de chocolate o grandes jarras de refrescos, según la epoca, y el agua, escanciada siempre en los ricos vidrios traidos de las tierras venecianas.

Estas reuniones, solian prolongarse hasta que las campanas de los conventos, anunciaban a los murcianos, que solo faltaba un cuarto de hora para el toque de queda,. Ene se momento, todos se ponian en movimiento, y precedidos por los criados, que iban alumbrando el camino en las callecitas estrechas y retorcidas con grandes hachones, emprendian el regreso a sus respectivos hogares, como decia el capellan de la familia Montijo, “cada mochuelo a su olivo”. Sonando el toque, rara era la persona a la que cogia fuera de su casa, que se exponian a muy serios disgustos con la autoridad. A menos, que fuera una salida de urgencia, como era buscar un medico o una partera.

Dicen, que Juana era una niña muy alegre e inquieta; traviesa de mas, aseguraba su madre, amonestándola seriamente, por sus juegos impropios de una señorita. Pero esto no impedia que la niña adorara a su madre. Miraba hechizada aquella figura alta y elegante, como una dama de leyenda, adornados sus severos vestidos con encajes de Almagro o de Malinas. Majestuosa como una reina, cuando al asistir a un gran sarao, relucían las piedras preciosas en sus cabello y su esbelto cuello.

-- Cuando yo sea mayor, -- pensaba Juana –ire asi. Me adornare con valiosos collares, y hermosas arracadas. Y llevare ricos vestidos ...

Y la niña, que apenas contaba seis añitos, ahuecaba su falda de popelin rameado, y movia la cabecita, alzandola, como queriendo acostumbrarla ya al peso de la jaulilla, destinada esponjar su hermosa melena.

Por aquel tiempo, tuvo lugar un triste suceso, que conmovio a la familia, causandoles dolor y consternación. No se sabe si Juana, que acostumbraba a jugar a escondidas de su madre deslizándose por la gruesa barandilla de madera, se le fue el pie. O tal vez tropezo, y cayo rodando por las escaleras, antes de que pudieran darse cuenta los lacayos y doncellas que por ella deambulaban. Como fuera, el caso es que la niña quedo alli tendida, al pie de las escaleras de mármol, como si la vida la hubiera abandonado. Durante muchos dias, se escucharon en la gran casona pisadas furtivas, y hasta se aposto permanentemente un criado junto a la puerta de la entrada, para impedir que ni siquiera se agitara la campanilla de llamada. Por el cason, iban y venian en largo cortejo, medicos y clerigos. Los unos, intentando sanar a la niña, los otros, buscando la salvación de su alma. Pero a lo que se ve, Juana tenia siete vidas como los gatos, y pudo superar con bien aquel percance, volviendo a ser la misma de siempre, a la vez, que la alegria volvia a reinar en la casa.

Los años fueron pasando, y la niña creciendo en la señorial casona, aficionandose cada vez mas, a las fiestas y a las reuniones. Y es que han de saber ustedes, que por aquel entonces las mujeres iban muy adelantadas, y una niña de diez años, se podia decir que ya habia salido al mundo. Juana, que danzaba de maravilla, que hablaba muy bien para ser mujer, era la opinión de los varones claro, y era "ilustrada y sabidora", según opinaba Fajard, que era hombre de fiar, ademas de pertenecer a una gran familia, pues tenia los pretendiantes a montones. Que era muy hermosa Juana de Montijo, ya lo creo, y coqueta, que bien le gustaba ser admitara por todo el mundo, en cualquier lugar al que acudiera. Pero no vayan a formarse ustedes una imagen equivocada de la muchacha. No vayan a creer que su hermosa cabecita, se llenaba solamente de estas frivolidades, ni muchísimo menos. Era buena como el pan, y su corazon generoso no podia sufrir el ver las desgracias ajenas. Asi que no es de extrañar, que los pobres hicieran cola ante su puerta, seguros como estaban, de que no habrian de marcharse con las manos vacias. Para todos encontraba un remedio y consuelo.

Pero cuando cumplio los doce años, se produjo un gran cambio en la muchachita, se torno mas se4ria y reflexiva, y empezo a pensar ... Aquella vida no la llamaba, estaba cansada de las fiestas y los agasajos. Y después de mucho cavilar, llego a la conclusión de que estaba harta de llevar jaulilla en el pelo, y que preferia cambiarla por unas sencillas tocas conventuales. Estaba convencida, de que no le importaba dejar el regalo en que vivia en su lujosa casa, e ir a pasar el resto de sus dias, dentro del rigor de la vida del convento. Sus padres, se sentian desconcertados. Por un lado, y ante las condiciones de Juana, habian acariciado la idea de ver a su hija emparentada con un grande de España. Pero por otro, eran cristianos viejos, y tambien los emocionaba que su querida hija, quisiera dedicar su vida al servicio de Dios.

Y como Juana, exceptuando a su familia, no habia hecho participe de sus propósitos a nadie, ya pueden figurarse la sorpresa que todos recibieron. Por supuesto, que su decisión fue el tema de conversación de todas las tertulias, todos sentian perder a la muchacha, que animaba con su gracia y su belleza, cualquier reunion. Y mas de un galan, se sintio desolado ante esta perdida. Sus padres, unas veces se sentian desconsolados, y otras se conformaban, y en medio de todo este barullo, como si no fuera con ella, Juana entro en el convento. Lo hizo en el que unos años antes, habia fundado Don Pedro Fajardo y su esposa, Doña Brigida Pinelo, a la muerte de una de sus hijas. Lo pusieron bajo la regla de San Agustín, y la advocación del Corpus Christi. En el, se gasto el matrimonio bastantes caudales y muy buena hacienda, pero levantaron una hermosa casona, que todavía existe, frente a las huertas del Protonotario Junteron, aquellas que llamaban de Las Cadena,, por tenerlas a la puerta de la casa.

Y Doña Juana Montijo y Herrera, paso a ser una humilde religiosa mas en el convento agustino, con el nombre de Sor Juana de la Encarnación. Y para que vean que las buenas cualidades no pueden estar ocultas, la monja alcanzo tantos meritos y fama dentro de las paredes del claustro, como las que en otro aspecto. habia tenido en el mundo.

Sus manos hacendosas, volaban como palomas sobre el tisú, el terciopelo, y otras ricas telas, creando sobre ellas un sueño de puntadas maravillosas; prendas, que una vez terminadas, parecia que no las habian rozado manos humanas. Y si mucho habia sido celebrada por su belleza y donaire, tambien lo hicieron pos su habilidad bordando aquellas preciosidades con manos de monja. Y nunca mejor dicho. Porque sepan ustedes, señores, que por aquel entonces, y a pesar de las rumbosas dotes que aportaban las damas de calidad que entraban en los conventos, y a los generosos legados que hacian algunas buenas almas, las religiosas, siguiendo una regla extricta, tenian que atender a su sustento diario con el trabajo de sus manos. Y las monjas agustinas, eran famosas por sus delicadas y exquisitas labores de aguja.

Pero era larga la jornada, que dormian poco las religiosas, y a la vez que la aguja, Sor Juana manejaba la pluma con gran destreza, y dejo escritos numerosos libros asceticos. Y hasta se contaba, que en varias ocasiones, tubo visiones celestiales, y que en una de ellas, se le aparecio la Santa Virgen Maria. Una ni quita ni pone, pero eran tiempos tan milagreros ...

Lo cierto es, que Sor Juana, escondida entre las paredes de su convento, seguia siendo una figura muy interesante, una mujer nacida para el romance. Y para que nada le faltara a su romántica vida, Juana de Montijo y Herrera, murio joven,. Fue el dia 11 de noviembre del año del Señor de 1.715, cuando contaba cuarenta y tres años de edad. Detrás de ella, dejo una larga y callada obra, hecha de bellas puntadas, y un monton de escritos, que pusieron muy alto el pabellón de la mujer en su siglo.

=== === ===

ZUBEYDA LA POETISA

====================

Sabed, oh señores, que existio en aquellos dias remotos en que sobre el reino de Murcia imperaba el Islam, y gobernaba el poderoso Ibn Mardenix, una mujer de extraodinaria belleza, a quien Ala, loado sea su nombre, habia concedido el don prodigioso, de convertir en poesia las palabras mas vulgares, Sabed, que aquella peregrina belleza, fue la causa de que perdiera la vida a manos de la esposa del rey Lobo, como se llamaba a Ibn Mardenix, y que era hija del temido general Ibn Hamusco. Y saben tambien, que sus versos se han perdido en el olvido, que nadie podra ya deleitarse con ellos, se convirtieron en cenizas que se llevo el viento, mezcladas con las aguas verdosas del rio Xecura. Porque no contenta con darle muerte, su rival, ciega de rabia y de celos, mando destruir aquellos perfumados pergaminos, sujetos con cinta de seda brillante, para que no quedara en el tiempo, ni el recuerdo de la bella poetisa.

Y es justo que sepan las gentes de los siglos venideros, que la historia de Zubeyda la Poetisa, podria figurar por propios merecimientos, en aquellas maravillosas narraciones, con las que la hermosa princesa Scherezade, entretuvo a la vez que enamoraba al Comendador de los Creyentes, durante mil y una noches.

Como os decia, nacio Zubeyda, en los gloriosos dias en que la Media Luna, brillaba esplendorosa sobre el reino del mirto, transcurriendo felizmente su infancia, en medio del ensueño multicolor del taller de su padre, un artesano de manos magicas, que tejia talmente como los espirtus celestiales, suponiendo que los espiritus se dedicaran a esos menesteres. Pues tejia, os digo, las alfombras mas ricas y exquisitas, que jamas pudieran soñar los mortales.

Cuenta la historia de aquellos felices dias, que desde pequeñita. Zubeyda se movia dentro de un mundo fantastico, en el que no podian entrar los seres mortales que la rodeaban, y en el que hablaba con las flores y con los pajaros, en un lenguaje poetico. Tambien se cuenta, que componía canciones muy hermosas, unas veces alegres, otras tristes, según era su estado de animo, acompañándose con su laud. Por todos estos dones, aun antes de llegar a la edad de usar el velo, la niña era invitada a los mas ricos palacios, para amenizar las fiestas que ofrecian los grandes señores mursis. ¿Sonreis? Claro, es que vosotros, como otros muchos, pensareis sin duda que nuestros antepasados moriscos, no concedian a la mujer el lugar que le correspondia. Y en esto, señores, estais muy equivocados, porque en aquellos tiempos, las mujeres no eran solo flor de harem, sino que cuando alguna sobresalia en la musica o en la poesia, su fama se extendia repidamente por todo el mundo islamico, consiguiendo la muchacha favores considerables, para ella y para su familia. Y su presencia era muy solicitada en las mas fastuosas mansiones, para recrear con su arte el alma de sus moradores.

Y este fue el caso de la pequeña Zubeyda. Un buen dia, el tejedor de alfombras, se quedo asombrado al ver como se detenia ante la puerta de su taller una lujosa comitiva, descendiendo de una rica litera un caballero, que al buen hombre le parecio un califa, tal era su apostura, la hermosura de sus atavios y las magnificas joyas con las que iba adornado. El noble se dirigio al tejedor, saludandole con amable cortesía, diciéndole que venia en nombre de su rey, Abeniyad de Valencia, y ofreciéndole de su parte unos presentes tan valiosos, que al artesano se le figuraron un tesoro principesco. A la vez, siguió diciendo el cortesano, el rey solicitaba de la generosidad del tejedor, que autorizara a su hija, una niña casi, para que viajara a la corte valenciana, ya que hasta sus dominios, habian llegado la fama de sus prodigiosas condiciones.

El pobre artesano, sintio que el mundo se desplomaba a su alrededor. Un un gran pesar invadio, cuando dio el permiso para la marcha de la niña, hasta el alma se le iba en pos de ella. Pero era hombre prudente, y razono tambien, que el destino de Zubeyda estaba marcado en las estrellas, y tal vez empezaba a cumplirse en ese dia, porque asi estaba escrito desde el principio de los siglos.

Recogiendo su modesto ajuar, con su laud cuidadosamente envuelto en rela de seda., Zubeyda emprendio el camino del reino valenciano. Muy poco tiempo tuvo que pasar, para que la poetisa consiguiera cautivar el animo de los altivos cortesanos, emcantados con la dulzura de su voz, con sus cantos melodiosos, con la magia que encerraba su poesia. A la vez que su hermosura, la hacia brillar como la mas valiosa joya en los salones del rey Abeniyasd.

Fue en aquella brillante corte, donde Zubeyda se encontro por primera vez con el paje favorito del rey valenciano. Un muchachito poco mayor que la poetisa, y que se llamaba Abbuadela Mohamed Abensaad, aunque andando el tiempo, las gentes y la historia, lo conocerían como Ibn Mradenix, o el Rey Lobo. Ni que decir tiene, que como los demas cortesanos, Abbuadela se sintio prendido en el hechizo de Zubeyda, no viendo mas que por sus ojos. Una flor, un dulce, incluso un joyel que le regalo el propio rey, se apresuraba el paje a ofrendarselos a la hermosa murciana, que lo aceptaba como un tributo obligado, casi sin sonreir. Sin que nadie llegara a saber jamas, lo que se escondia detrás de sus soberbios, misteriosos ojos.

Muchos familiares tenia el viejo Abeniyad, parientes de sangre, herederos legitimos de sus reinos. Pero señores, habia en medio una mujer, que solo el Todopoderoso sabe porque ocultas razones, habia puesto todo su empeño en que el paje, fuera rey. No la movían motivos interesados, ella no queria ser reina. Y de eso, quedo convencida toda la corte, cuando vio impasible como Abbuadela se casaba por conveniencia, con la hija del feroz Ibn Hamusco, uno de los guerreros mas prestigiosos de la España musulmana. Era muy hermosa la novia, pero a Zubeyda eso no parecia importarle, incluso alento la boda.

Mientras, sus manos de nacar movieron los hilos de la intriga, con la misma gracia y dulzura que acariciaba las cuerdas de su laud. Y ante el enojado asombro de toda la corte, Abeniyad nombro su sucesor en el reino del mirto, a su paje favorito. Prendida su senil voluntad en la poesia de Zubeyda, el rey desecho a sus legitimos herederos a favor de Abbuadelas, y aunque el no llego a saberlo, por lo menos acerto al dejar en sus manos las riendas del reino.

El tiempo fue desgranando sus dias, y un triste pero importante suceso, vino a conmover al reino. El rey Abeniyad, fue llamado al paraíso que el Profeta prometio a los verdaderos creyentes, y con su muerte, se encendio la llama de la guerra. Una lucha encarnizada estallo entre los defraudados parientes del monarca, y aquel al que habia nombrado su heredero. Una lucha que resultaba nuy desigual, pero en la que el futuro rey Lobo, tuvo ocasión de demostrar su magnifico temple como guerrero, derrotando a sus adversarios. Aunque tambien hay que reconocer los meritos de su suegro, el general Ibn Hamusco, , que era un genio de la guerra. Parecia como si Ibn Mardenix hubiera previsto al casarse con su hija, la ayuda que podria prestarle el guerrero.

Cuando corria el año 1.147 de la Era de Cristo Abbuadela Mohamed Abensaad, fue nombrado primer rey independiente del reino mursi. Acompañado de un deslumbrante sequito de cortesanos, el rey entro triunfalmente en la ciudad del Xecura, que lo aclamo delirante. En medio de los soberbios alazanes, adornados como en un sueño miliuninochesco, de las mulas ricamente enjaezadas, cargadas de valiosos fardos, pues en medio digo, viajaba una litera lujosamente aderezada. Sus cortinas de raso permanecían cerradas, pero durante un segundo, pudo verse por una de sus esquinas, la punta de una babucha recamada de perlas. Era Zubeyda, la poetisa, que regresaba a la tierra que la vio nacer. Y en ella siguió durante muchas lunas, a pesar de las intrigas que desplegaba continuamente, la celosa esposa del rey Ibn Mardenix.

Habian quienes decian, que Zubeyda amaba al rey en silencio; otros, envidiosos de su poder, afirmaban, que al influir sobre el animo del caduco Abeniyad para que lo nombrara su sucesor, solo habia querido demostrarse a siu misma, hasta donde podia llegar en el favor real. Tambien se murmuraba en lo perfumados salones de los harenes, que su alma de pajaro cantor, era libre como el viento, y no amaba a nadie. Pero la verdad era, que nadie sabia lo que en realidad pasaba en su corazon.

Lo que nadie ponia en duda, es que era el gran amor de aquel rey, libertino y sensual. Tal vez la amaba, porque era para el un sueño imposible; la admiraba, porque no conseguia que su voluntad se doblegara ante su innegable encanto. Y su espiritu exquisito, permanecia prendido en los versos de Zubeyda, al igual que antes lo estuviera el rey Abeniyad. Hasta el tiempo parecia detenerse cuando la contemplaba absorto, escuchándola embelesado mientras recitaba, o entonaba sus canciones.

Pero como penso en su dia el tejedor de alfombras, el destino de Zubeyda, como el de todos los mortales, estaba escrito en las estrellas, y tenia que suceder, que los pajaros negros de la desgracia, se abatieran sobre su hermosa cabeza. Un anochecer, cuando llego el rey a la almunia en las afueras de la ciudad donde moraba la poetisa, la encontro sin vida en el alto mirador que se abria sobre la huerta. Caida sobre los ricos cojines bordados, envuelta en sus blancas vestiduras, Zubeyda semejaba un lirio tronchado del tallo, era como un pajaro de nieve con las alas rotas. La unica nota de color en su piel de nacar, era el cordón de seda que apretaba su cuello.

Nadie se atrevio a hablar. Se cuchicheaba en los zocos, se susurraba en los baños, se murmuraba en los harenes, pero ninguna persona osaba alzar la voz.

Que era mucho el miedo que inspiraba a todos la cruel esposa el rey, y sobre todo, temian la venganza de su padre, el feroz general Ibn Hamusco.

Nadie hablo tampoco, cuando una noche el cielo murciano se lleno de miles de luces, pero no eran fuego de artificio, no señores, era el reflejo de una hoguera. La que consumia la almunia de Zubeyda, que ardia como una pavesa. Con ella se quemaban los rollos perfumados cuajados de versos, su laud, sus bellas vestiduras. La madre del rey, sus hijas y las esclavas, todas sabian. Pero mujeres al fin, habian estado tan celosas de la poetisa, que ocultaron con su silencio el mostruoso crimen de la reina,.

Dicen, pero no me creais mucho señores, que tal vez sea solo una leyenda. Pues dicen, que hasta el dia de su muerte, el rey hablaba con el espiritu de la poetisa en las noches oscuras; y cuentan viejas consejas, que durante mucho tiempo, las gentes que se atrevian a pasar en las noches claras, cerca de la almunia calcinada, escuchaban temerosos un murmullo sonoro que bien podia ser el canto de algun pajaro raro, pero que semejaba, Ala nos proteja de los espiritus errantes, la cantarina voz de una mujer, desgranando melancolica una poesia.

=== === ===

LA GABRIELA

============

Imagínense, señores, lo que eran en el siglo pasado Las Herrerias. Uno de los mas importantes distritos mineros, donde la plata corria como un rio, provocando el boom, que hizo subir como la espuma a afortunados y aventureros. Era el tiempo de los "partidarios" enriquecidos y postineros. De los cafes cantantes, donde el humo ponia ronqueras a un cante, y donde la taranta, la minera y la cartagenera, recien nacidas, se disputaban el señorio tabernario, con las "laguenas", los "carajillos" y los "reparos".

Era el mundo de rosas de papel de niñas que veian bajar a sus novios a la mina, y se quedaban compuestas y sin ellos, porque se los quitaba la Huesa. El limon amargo de muchachas envejecidas, con un hijo, o dos, o tres, y ya viudas. Era la tragica rueda de la fortuna, de hombres que vivian con el corazon en un puño ...

"Bajo a la mina pensando,
si yo volvere a subir ... "

Y en este mundo extraño e inquietante, duro como el pedernal, abrio taberna la Gabriela. La GabrielA ... ¡Lo que daria mas de uno, por saber quien fue esta mujer misteriosa1 Hasta una taranta inspiro ....

"Anda y dile a mi Gabriela,
que voy pa Las Herrerias.
Que duerma y no pase pena,
que antes que amanezca el dia,
estare yo en Cartagena".

Esta era la Gabriela del mundo minero, nadie sabia de donde llego, ni bajo que cielo, veria la luz del dia por primera evz. Pero todo eso no tenia importancia, asi que a lo que ibamos. Un buen dia del año 1.873, se abrio una puerta en el distrito minero, y rematándola, un cartelon que decia que alli se despachaba vino, y lo que fuera menester. La dueña, era mujer no muy alta, color moreno de luna, y lisa cabellera negra, enroscada en la nuca con una biznaga de jazmines. En el mirar sin fondo de sus ojos inmensos, habia .... algo ... Y una cansera infinita en el rostro hermoso. La Gabriela, despachaba vino casi sin mirar, a los parroquianos que acudian al olisque de sus faldas.

-- Anda, Juanico, entonate una minera ...

-- Espera, hombre, que tengo seca la garganta. ¡Maldita sea esta mina! Anda, Gabriela, ponme una copa ...

Y la Gabriela, silenciosa, servia lo pedido.

-- Gabriela, ¿quiere usted hacer el favor de ponerme una copita de anis?

El nuevo rico, baston de puño de plata, y sortijón de relumbrones, se hacia el finolis, confiando que ante sus buenos modelas de caballero respetable, la Gabriela se confiaria y bajaria la guardia.

Y el señorito, que llegaba desde Cartagena, o desde Murcia, le ofrecia una flor, envuelta en papel, de puntillas, y atada con un lazo rosa.

-- Gabriela, acepte esta modesta flor, que palidece ante las flores de sus mejillas.

-- Tantas gracias, don Martín.

Y la flor, cara y lujosa, por lo menos habia costado dos pesetas, bañaba su tallo elegante en el agua de una botella verdosa, que tenia aromas de alcohol.

En un rincon, la guitarra se desgarraba en las manos de un hombre de la mina. O tal vez era un marchante, que tenia alma de trovero.

-- Me estas matando, Gabriela ...

Por el local, se movia un muchacho de quince a dieciseis años. Llego acompañando a la Gabriela, y como es natural, tanpoco se sabia quien podia ser. ¿Su hermano? ¿Su hijo?

Y de sabado a lunes, la Gabriela desaparecia de Las Herrerias. Con el alba, la puerta aparecia atrancada, y nadie consiguió seguirla nunca. ¿A donde iba?

La imaginación se desataba, se deshojaba la margarita de las adivinanzas, se suponia, se decia ....

Decian, que bajaba hasta Murcia donde un señoron de postín, bebia los vientos por ella. Se decia, que iba a encontrarse en los limites de la sierra, con un tartanero que andaba huido, por haber hecho hablar mas de la cuenta a su navaja, en una reyerta tabernaria. Y hasta se dijo, que la Gabriela, era la amante del legendario Antonete Gálvez. Y ¿saben ustedes? Pues que a una le gusta la versión, que le cae pero que muy bien el tal Galvez. A lo mejor, por sus ansias de libertad, por aquella mezcla suya de idealista y picaro. Si señores, un hombre de esa condicion, le iria bien a la Gabriela.

Un dia, prendio la chispa y estallo la revolucion cantonal. Galvez subia. Galvez bajaba. Galvez entraba triunfante en Murcia, o huia hacia la sierra a uñla de caballo. Y en uno de esos altibajos, cuando parecia que Don Antonio se habia hundido para siempre, soplaron malos vientos para la Gabriela. Perdido el respeto al cabecilla, las mujeres envidiosas, y los hombres desdeñados, se volvieron audaces, y la copla, arma insidiosa y anonima, de cobardes, salto una vez mas ....

"Voy a ver la vagoneta,
porque si no corro, vuela.
Quiero dejar el trabajo,
porque me espera Gabriela".

La rueda de cuchillos, chirriaba maligna en el aire. Algunos no se atrevian ni a ir por el café, por miedo a las malas lenguas.

"... yo quiero dejar el tajo,
que me espera la Gabriela ...".

¡Esperarlos la Gabriela! Era mucha mujer para aquella mala gente. Que si el porte no engañaba, no era mujer de baja condicion. Y vayan ustedes a saber que capricho del sino, la empujo hasta Las Herrerias, y la hizo poner una taberna. ¡Quien sabe lo que ocultaba su vida!

Pero ella no podia seguir alli. Para la Gabriela, el aire se habia vuelto enrarecido, y la ahogaba poco a poco. Y tal como aparecio, se marcho un dia, amparada en el embozo de su negro manton. Era una noche del año 1.885, y nadie la vio marchar, ni se volvio a saber de ella. ¿Vino a Murcia junto a Galvez'

"... que duerma y no pase pena ... "

¿Fue Galvez a recogerla?

"... que antes que amanezca el dia,
estare yo en Cartagena".

¿Y quien era el muchacho misterioso? Tal vez un hombre de Galvez, encargado de velar por ella, aunque poco pudo hacer para acallar las voces malignas, que era mucho Las Herrerias por aquellos dias. Pero la Gabriela, quedo para siempre inmortalizada en una taranta.

=== === ===

MARIA HERNÁNDEZ

=================

La Murcia medieval, se vio convertida de la noche a la manaña, de mora a cristiana, cosa que un siglo después de que aconteciera, todavía no habia digerido. Fue colgandose tocas de ciudad castellana, tomando estiulo de los oteos reinos cristianos, pero hay que reconocer, que se tenian muy en cuenta, muchas de las costumbres, de los usos, y de la forma de vida de la Murcia musulmana.

La epoca era tan revuelta, tan desmadrada, que las leyes no tenian mas remedio que ser sangrientas, asi que se ajusticiaba a la gente, por un quitame alla esas pajas, y la vida no valia un chavo.

La mano de obra agrícola y artesana, seguia su ritmo acompasado, que todavia existian los labradores y artesanos moriscos. Altivas damas de cucurucho, cruzaban rapidas las calles retorcidas y estrechas de una Murcia mora de nacimiento. Pero moros y judios se deslizaban furtivos, intentando pasar inadvertidos, y no era para menos, que la discriminación racial que andando los años sufrieron los gitanos, o los negros en America, era grano de anis, comparado con el regimen de vida a que estaban sometidos moros y judios, confinados en sus respectivas aljamas. Y eso, a pesar de que de unos y de otros, se aprovechaba bien la ciudad.

El siglo XIV corria por su segunda mitad, el año 1.353, abria la cara. Murcia habia recopilado las Ordenanzas de la Huerrta, que durante siglos se habian ido dictando, y orgullosa podia sentirse la ciudad, que estas Ordenanzas, fueron consideradas como el primero, y acaso el unico, Codigo Rural Español. Las de la Ciudad tabien se ponian tono; y en ellas se decia, que moros y judios no podian cortar ni vender carne ren carnicerias cristianas, ni se les podia vender pescado en viernes o dias de ayuno, hasta pasado el mediodia. Conque asi estaban las cosas, señores.

El mercado que nos regalo el Rey Sabio, florecia en todo su esplendor; a el acudian de los mas remotos lugares del reino, y una vez a la semana, podian compadrear apoyados en las tapias de los Predicadores, cristianos, moros y judios, que el pueblo llano no hacia distingos. Las Menoretas, observaban imperterritas a los que a su sombra practicaban el estira y encoge del trato. El mercado era en realidad, los grandes almacenes del Medievo, y alli podían encontrar ustedes la masa orgiástica de las frutas, o la frescura insolita de las verduras, con el fondo sonoro de pollos y demas volatiles. Pero no eran solo comestibles lo que podian adquirir, alli habia de todo. Loza de Hellín, cuchillos de Albacete, jabon de Elche, alfombras de Alcaraz, cordelería y lonas de Cartagena. Telas de maravilla, el altguasi, de riqueza casi insultante, fino terciopelo, damasco, tafetann .... Y jubones, y delantales. Y armaduras incrustadas de oro, que para si quisieran los principes, y cotas de malla, y sillas de montar, y arneses ...

Pero miren, miren que hermosa muchacha. Es como una flor de plata, palida y melancolica, Nariz recta, rostro fino, sus ojos ... si, sus ojos son negros, fulgurantes, soberbios. Los ojos, señores, puede que sean herencia moruna, que a lo largo de siglos maridaron musulmanes y cristianos por estas riberas. Es muy bella, y la calidad de su traje, delata a la dama de la burguesia. El talle gentil, recoge en un lado la bolsa, y el alto tocado, estiliza la figura. Es una verdadera dama cristiana, aunque si le pusieran velos, bien podria pasar por musulmana. Se llama Maria Hernández, y su familia, es harto conocida en la ciudad. La acompaña criada cincuentona, que no es decoroso que mujer de bien recorra sola las calles. Detrás, un criado con una gran cesta, donde se van acumulando las provisiones.

Perro vamos a dejarla que siga su compra. Miren, a lo largo dc la tapia de los Padres Predicadores, esta la azacaya que sirve de abrevadero a las bestias que traen al mercado. No hace mucho, que se labraron esos hermosos leones de canteria. Por su boca, cae mansamente el agua de la acequia Caravija, y en la pared, hay gruesas anillas, que sirven para sujetar a las caballerias.

¡Vaya!, esta mañana esta interesante el mercado... Miren qUe estampa tan bizarra la de ese caballero en su caballo. Son tal para cual. Un fino corcel arabe, agrisado y nervioso. Pues el jinete tampoco pasa desapercibido, a fe que tiene buena estampa. No solo son sus ropas, sino sus rasgos, los que denotan al moro murciano. Bien plantado, arrogante, moreno oscuro, con ojos como brasas reluciendo en el rostro sombrio. Claro, ustedes no lo conocen, como no son de este siglo ... Pero es Mohamed Abolleja, de la villa de Siyasa, la ciudad que con los siglos, se convertira en Cieza. Mohamed ha bajado al mercado mursi, dispuesto a comprar una nueva silla para su corcel. La mas rica que encuentre, que el caballo bien lo vale. Pero da la impresión, de que ha olvidado su intento ... Y es que su ojos, han chocado con la hermosa figura de Maria.

-- ¡Ala sea loado, que hermosa es!

Tambien Maria lo ha mirado, y en su mirada hay a partes iguales, disgusto y admiración. ¡Sera atrevido el infiel! Mirarla de esa manera ... A fe que es apuesto, merecia ser cristiano, pero no lo es ... Y siguió el juego de las miradas, no se sabe si Maria olvidaria comprar algo, ni si Mohamed compro su silla,

Y para que nada falte, y se complete el triangulo, aparece la alcahueta. Alcahuete en este caso, que ahí tienen a Juan de Dios. El mas extraño personajillo que puedan imaginar. Mercachifle, prestamista, correveidile... Dicen que es judio, pero no hagan ustedes caso, que son malas lenguas que quieren desprestigiar la raza. A Juan de Dios lo bautizaron de pequeñito, y ahí para todo sus cristianismo. Dicen de el cosas horribles. Dicen que prepara filtros y hechizos, que puede hacer mal de ojo, que ha hecho pacto con el Malo... algunos no lo creen, que huele a cera y agua bendita, pero su presencia repele a las buenas gentes como la piel de la bicha.

Bueno, pues alli estaba Juan de Dios que a lo mejor, por eso de que eran amigos, le ayudaba el diablo. Y se dio cuenta del cruce de miradas, y empezo a acariciar la idea de que las monedas de Abolleja, fueran a parar a su bolsa. Lo primero, era averiguar quien era aquel perro infiel, que osaba mirar a una cristiana, Fue facil, que en cuanto alabo la buena estampa del caballo, Abolleja desato la lengua, Verdad es que era habil el alcahuete, pero al poco rato, sabia de donde venia el moro, a que se dedicaba. Que bienes poseia ... Lo demas, la intención de Mohamed, aun antes de que el la pensara, la adivino el ladino Juan de Dios. Y fue haciendole ver como era muy posible una union con la hermosa Maria. El podia intervenir ,...

-- Es tan hermoso hacer felices a los enamorados ... – Aseguraba melifluamente, poniendo los ojos en blanco.

Una no sabe en que consistio su intervención, pero lo cierto es, que Abolleja, vestido con ropas cristianas, salto las tapias del huerto de Maria. La noche ayudaba, que era negra como boca de lobo, y hacia rato, que en la torre del Alcazar, habia hecho sonar la campana el toque de queda. Nadie andaba por las calles ....

Cuentan, que Maria resulto engañada, que tomo a Mohamed por cristiano, confiada en sus ropas. Fantasias moriscas, y nunca mejor dicho, señores, que no hay ni que pensar, que Maria le abriera sus puertas a cualquiera que se presentara vestido al uso castellano. Asi que, eran imaginaciones de gentes a las que chinchaba bastante, que un moro hubiera enamorado a la hermosa cristiana.

Como nada queda oculto bajo el sol, pronto se supo el suceso, y la familia de Maria se rasgo las vestiduras, y reclamo justicia al Obispo, al Concejo, y a todo lo divino y humano. Los alcaldes, consultaron Fueros, sin encontrar el que dijera que habia de hacerse en un caso tan peliagudo. Y la doncella, no se confesaba seducida, sino todo lo contrario, pero poco la dejaban hablar. Y todo lo que decia, lo achacaban a encantamientos y hechizos.

Y Mohamed, que se queria casar como fuera, aunque tuviera que bautizarse. Y los alcaldes, locos de revolver mil papeles viejos. Hasta que por fin, decidieron que era un caso de envergadura, y que el unico que podia darle solucion, era el propio rey. Y a el le remitieron el caso, y el Consejo de la Corona, se ocupo del asunto, que era harto singular. Al fin, Juan Guillén de Victorio, Alcalde de Corte del Rey, a quien el Infante Don Pedro mando terciar en el pleito, pronuncio la sentencia ...

-- Matar al moro, y al cristiano ensuciador de nuestra ley, que se debe considerar como hereje.

Y se cumplio la sentencia. Y a la pobre Maria le hicieron la pascua, que ella se habia enamorado del musulman, y la tenian al fresco las leyes discriminatorias, que en contra de su voluntad, la hicieron entrar en las sendas del romance,

=== === ===

DOÑA MILA

==========

O si ustedes no tienen confianza, pues Doña Milagros Jardiel Casamayor, que tenia usia doña Mila, como cariñosamente la llamaban todos. Fue una mujer realmente notable, con una una voz magnifica, y ademas, la primera voz femenina que lleno de resonancias el aire murciano, y tambien fue la primera en decir aquello de ...

"Esta es Radio Murcia, Emisora E.A.J 17".

Bueno, esto sucedia en unos dias ya muy lejanos, nada menos que alla por el mes de agosto del año 1.933 para ser exactos. Esa fue la fecha historica, en que las ondas de la radio se colaron tambien por primera vez, en los hogares de los murcianos, para enterarlos de todo lo que pasaba en Murcia y en el mundo, y con la deseo casi siempre cumplido, de entretenerlos y hacerles compañía.

Milagros, vio la luz por vez primera, en las frias tierras alavesas, y una no tiene noticias muy ciertas, de cómo llego hasta nuestra ciudad. Se sabe, eso si, que era prima hermana del genial escritor, Enrique Jardiel Poncela, y que a veces, la muchacha intervenia en sus obras como actriz. A lo mejor la familia, familia de intelectuales, abierta, con grandes inquictudcs culturales, tenia una compañía teatral. Lo cierto es, que su aparicion en Murcia, el hacer de la ciudad la suya, fue algo muy romántico. Corrian los felices años veinte del pasado siglo. El Recreative, aquel hermoso jardín en las afueras de la ciudad, y que con los años albergaria los primeros estudios de la decana Radio Murcia, era por aquella epoca, un lugar donde se ofrecinn espectáculos de lo mas variado, incluyendo teatrales. Y fue alli, donde arribo la compañia en la que actuaba Milagros.

Cuentan, que era una mujer guapísima, un verdadero tipo del norte. Muy rubia, alta, estilizada, tenia clase, encanto. Unos ojos bellísimos, y una voz acariciadora que conquisto el corazon de Joaquin Sanchez Alcarria, hermano de Arsenio, el fundador de la emisora murciana. Se enamoraron, se casaron, y fueron felices hasta el fin de sus dias. Que una los recuerda, ya muy mayores, como una pareja muy unida, la mar de romántica. Y es que eran tal para cual. Milagros culta, educada, muy religiosa; una verdadera dama, y que lo era, Dama de la Cruz Roja. Joaquin, un personaje singular, que sabia hacer de todo, hasta inventor era, que creaba artilugios extraños pero la mar de practicos, que ya hubieran querido idear algunos inventores que presumen de tales.

La pareja vivia en la antigua calle de la Gloria, un nombre sonoro y decidor, que con todos mis respetos para el señor Lopez Puigcerver, nunca debieron cambiarle. Y según cuentan , algunas personas que en la epoca fueron sus vecinos, cosas realmente entrañables. Que les encantaba criar patos, que una no sabe si comerian perdicesm pero lo que es patos ... Que Mila, mujer muy moderna, que a fin de cuentas venia del norte, vestia de alegres colores, y le encantaba maquillarse, cosa casi impensable en una señora de aquellos tiempos. Pero Milagros, señores, era norteña, y ademas, prima de Jardiel...

Pero cuando cumplio los cincuenta años, doña Mila dejo de maquillarse, aunque su voz seguia siendo la misma, tenia el encanto y la frescura de sus primeros tiempos. Asi que no es de extrañar, que recibiera montones de bellas cartas de amor. Hubo una, que le llego desde Africa, una supone que algun militar prendido en aqeella voz que le llegaba desde su añorada España. Pues en ella, el remitente le escribia cuanto le fascinaba su hermosa voz, añadiendo ...

" ... la unica pena que tengo, es que este al lado de ese bruto, que por su voz tiene que serlo.

Para que ustedes lo sepan, con lo de bruto, se referia a Elias Ros, que ha sido una de las mejores voces de la radio española, y ademas, un hombre la mar de cortes con las mujeres..

Durante muchos años, la voz de Mila, se colo en las casas murcianas, era una mas en la intimidad domestica de muchas familias, regalando musica y emociones, poniendo algo de fantasia en la vida cotidiana de muchas personas. Porque a fin de centas, señores, aquellos tiempos pioneros de la radio, eran pura fantasia.

En el año 1.957, doña Mila se despidio de su querida radio, que le tributo un homenaje multitudinario. Y digo esto, porque en el quisieron estar presentes todas las clases sociales, y por supuesto, sus queridas gentes radiofónicas, murcianos y forasteros, que acudieron a acompañarla de toda la rosa de los vientos de España. Una cena en el Casino, una placa de plata, flores para llenar la ciudad ... Y doña Mila, se fue despacito, discreta como siempre.

Una le tenia querencia a aquella mujer, que tuvo el honor y la satisfacion de ser la primera locutora en Murcia; ya habia dejado las ondas, cuando yo me estrenaba en ellas, pero iba con mucha frecuencia a casa de sus cuñados, Arsenio y Maria, casa que era un piso en el propio edificio de la emisora. A mi me encantaba verla, ¡habia oido tantas cosas de ella! Y seguia teniendo algo ...¡que se yo! Ya muchos años, un pelo blanquísimo, unos ojos que chispeaban tras los cristales de sus gafas, muy erguida siempre. Pero una la veia como se la habian descrito los que tuvieron la suerte de conocerla en aquellos dias lejanos de su juventud, como aparecia en aquelas viejas fotografias, tan rubia y esplendorosa como una Walkiria. Le dijimos adios alla por los años setenta del siglo pasado, cuando ya contaba ochenta y pico de años.

Pero sigue ahí, atrapada en el aire, y todavía hoy, cuando escucho cualquier emisora, aunque no sea la nuestra, me parece que es su voz, redicha y bien pronunciada, la que se oye por encima de quien habla.

=== === ===

JUANA VALLEJO

==============

Un rayo de sol, el primero de la mañana, arranca relumbrones de joya, a unas lagrimas divinas. Caricia dorada, que besa suavemente el rostro bellísimo de la mujer, que espera erguida, majestuosa en su dolor, en la puerta de la Iglesia de Jesús. Es la señal. Los estantes respiran hondo, se apalancan en sus varas, y aupan el trono, que empieza a andar despacito, iniciando su caminar callejero de todos los años.

¡Ay, señores!, a una se le encoge el alma, cada vez que mira esa cara dolorida. Ahí la tienen ustedes. Es la "Dolorosa", una de las obras mas hermosas e importantes del gran imaginero murciano Francisco Salzillo; pero es algo mas, es doña Juana Vallejo y Martinez Taibilla, la amada esposa del escultor.

Una encuentra la mar de peculiar, que en una Murcia tan profundamente religiosa, como lo era la Dieciochesca, se tolerara una costumbre como es el beso del sol, tradición de civilizaciones paganas, usada en los cultos rituales de la diosa Isis. Hace cientos ...¡que digo cientos!, hace miles de años, que los antiguos egipcios festejaban a la diosa en el solsticio de la primavera. La sacaban de su templo, y la detenian en la puerta, no iniciando su andadura por las fértiles tierras del Nilo, hasta que recibia en su rostro la caricia del primer rayo de sol. A lo mejor, aquellas gentes que venian de las tierras de Mirs, de lo que ahora conocemos como Egipto, pues aquellos, digo, que fueron los primeros habitantes islámicos de estos lares, por encontrarlos tan parecidos a su propia tierra, trajeron con ellos, desde las riberas del rio sagrado, algunos de aquellos ritos seculares, que como tantos otros, se cristianizaron con el correr de los tiempos.

Pero volviendo a lo nuestro, ya saben ustedes, que don Francisco se caso ya mozo viejo. Que iba para fraile, y que solo se dejo los habitos, porque alguien tenia que hacerse cargo del taller de imagineria, a la muerte de su padre don Nicolas. Sin embargo, tardo en casarse, no decidiéndose a tomar estado, hasta la muerte de su msdre .Y fue entonces, ya cuarenton, cuando le piso el ojo a Juana, hija de Maese Bernabé Vallejo, platero de oficio, y con muy buenos dineros.

Y muy buen ojo que tuvo el hombre, porque guapa lo era la joven, que ahí esta la "Dolorosa" para demostrarlo, y con ella se caso el 13 de noviembre del año 1.746. Ademas de su reconociea hermosura, buena tambien lo era Juana, que ya de primeras, y sin rechistar una palabra, hizo rancho en la casa con todos los hermanos del escultor. Y eso, señores, que algunos, tenian "su aquel".

La Murcia de aquellos tiempos estaba marcada, como toda España, por las costumbres devotas, por el celo religioso que le habia dejado como secuela la Guerra de Sucesión, de la que habian hecho casi una lucha santa contra el hereje. Y claro, en un clima asi, ya se pueden imaginar que estaban desterradas las compañias de comicos, por las furibundas misiones de los predicadores, que según clamaban ...

"... atentaban contra la moral y las buenas costumbres".

Las procesiones de penitencia y los Via Vía eran el unico acontecimiento, y tenian un gran acomodo. Como es natural, se necesitaban Santos que los encabezaran, con lo que el imaginero, a pesar de que trabajaba a destajo, no daba abasto con tanto encargo como le entraba por la puerta.

Una no sabe si don Francisco estaba locamente enamorado de su mujer, mas bien se inclina a pensar en un afecto sereno y tranquilo, aunque vayan ustedes a saber, porque estos calmados dan a veces la sorpresa. En cuanto a doña Juana no habia ninguna duda, hechizada por las maravillas que salian de las habiles manos de su marido, lo admiraba tan profundamente como lo amaba.

Asi que, en la placeta de los Vinaderes, todo marchaba como una seda. El taller prosperaba, nacieron los hijos, de los que solo vivio Maria Fulgencia, por cierto, que dicen que los angelotes a los que tan aficionado era Salzillo, tienen la cara de su niña.

Los discípulos entraban y salian en el taller, todos jóvenes, llenos de ilusiones, y desde luego mucho mas a la par de la edad de doña Juana, que el maestro.

Un dia, le llego el encargo a Francisco, de una Dolorosa. El plazo era corto, y el escultor no encontraba modelo que le acomodara, no daba con la expresión que el soñaba en su mente para la Virgen.

¿Sintio celos el artista en algun momento, de su discípulo, que era mas joven que el? ¿Seria posible, que aquel hombre pacifico, agraciado con la venera de la Inquisición, Mayordomo del Cristo de la Esperanza, Hermano de la Cofradía de las Animas, y ex aspirante a fraile, sintiera realmente el aguijonazo de los celos? ¿Realmente fue asi de humano, el genial Francisco Salzillo?

¿O tal vez fue la locura del artista, un disparate del genio, el egoísta amor por su arte, lo que le llevo al extremo de acusar a su mujer de infidelidad, sabiendo que no era cierto?

La cara se le torno a doña Juana ante el insulto. Descompuesta y estremecida, como si hubiera recibido un golpe fisico, apenas podia pronunciar palabra ...

-- Mi señor marido ...

-- ¡Calle la perdida!

Colérico, el escultor alzo el brazo. La mujer, acosada y herida en lo mas hondo, levanto los ojos al cielo, agobiada por el dolor. Yen ese momento, surgio el chispazo. Era ella, su Virgen. Un rostro desencajado, lloroso. Y el escultor se olvido de sus celos. O salio triunfante en su empeño. Que eso nunca se sabra. Alli viva, carne y sangre, estaba la soñada Dolorosa.

Salzillo se encerro en su taller, sin dejar entrar a nadie. Y empezo a hacer bocetos. Los rasgos salian faciles de su mano nerviosa, fielmente. Los primeros, los realizo sobre unos naipes, borrones al oleo, de lo que solo habia sido una quimera. Después, el dibujo fue cobrando vida. Y la talla empezo a perfilarse. Los pies finísimos, las manos abiertas, suplicantes, el rostro inimitable; el pelo tallado minuciosamente, tan perfecto, que la hacen desfilar con el manto echado hacia atrás, para que luzca la hermosa melena de Juana Salzillo, que con tanto amor, tallo su marido.

En el año 1.756, Francisco Salzillo, entrego a la Cofradía de Jesús, la imagen de la Virgen que le habian encargado. Seiscientos setenta y cinco reales cobro por ella, señores. Que no era nada, en comparación con el rico vestuario que luce la Virgen, que se puso casi en los cinco mil reales. Una miseria, para pagar el dolor que le causo a Juana.

Dicen, que al terminar la obra, confeso el escultor a su mujer, lo infundado de la acusación. Una no sabe lo que sentiria doña Juana, como se lo tomaria. Pero o era una santa, o el berrinche que se llevaria, bien pudo inspirar otra escultura maestra.

Bien que le fueron las cosas a don Francisco en los años siguientes. Y muy buenos dineros que gano, con los que fue adquiriendo varias casas y tierras, que acrecentaron su hacienda, convirtiendolo en uno de los mas ricos burgueses. En realidad, y al contrario de otros artistas, Salzillo si triunfo en vida.

A primeros del años 1.765, murio Juana Vallejo. Dicen, pero una no sabe si seria verdad, que la infeliz no pudo sobreponerse nunca al disgusto que le causo la injusta acusación de su marido. Dicen tambien, que el escultor no pudo vencer jamas, la tristeza por la perdida de su compañera. Y sigue diciendo, la historia o la leyenda, que hasta la muerte le peso el dolor que en aras del arte, ocasiono a doña Juana.

=== === ===

LA FOTINA

=========

Vean, señores, que garrida moza se acerca. Los faroles de los tronos, guiñan el ojo a traves de sus tallados cristales, recortando en las oscuras aguas del rio al cruzar por encima del puente, su figura rotundamente hermosa de sacerdotisa huertana. Su lujuriosa mata de pelo, tiene destellos de oro. Y el rico traje de seda, salida de los mejores gusanos sederos, guarda celoso sus formas de diosa pagana. Por miren, miren con que gallardia apoya el cantaro en su breve cintura. Representa a la Samaritana, la hermosa mujer de Samaria que apago la sed de Jesus, dándole de beber según cuenta la tradición bíblica. Pero para los habitantes de la Murcia del XVIII, esa figura peregrina, que se contonea en el mecer èrezoso del paso, no era otra que La Fotina, la bella mujer de Nicanor el del Puesto.

El siglo XVIII daba sus ultimas boqueada. Corrian sus dos ultimos años, cuando esculpia don Roque Lopez, el famoso imaginero, nacido en tierras de Mula y discípulo de Salzillo, que esto, bastaba ya para avalarlo. Pero es que de sus manos maestras salieron imagenes de maravilla, que perpetuaron su memoria a traves de los tiempos.

Por aquellas calendas, Murcia vivia momentos de esplendor. Apenas pasarian unos años, y el Colera y la Muerte, junto con su compañera el Hambre, sembrarian la desolación y la tragedia. Peor en aquellos momentos, la ciudad se encandilaba con la puesta en marcha del alumbrado publico, y la inauguracion de un flamante cuerpo de serenos. Y es que señores, en esos adelantos Murcia iba al par de las grandes capitales.

No lo iba tanto en cuanto a miras, que su mentalidad provinciana era bastante estrecha, y no quieran saber el escandalo que se organizo, cuando recien terminada de acicalar la Alamada de San Benito, a extramuros de la ciudad, el Corregidor don Vicente Cano, autor de todas aquellas maravillosas mejoras, se vio delatado, no se pudo saber por quien, ante el tamible Tribual del Santo Oficio, por un quitame alla esas estatuas. Buenos, las estatuas en cuestion, eran el Niño de la Espina y la Venus del Delfiun, dos magnificas obras de arte, pero que a los murciaos de la epoca, les parecieron bastante escandalosas. Y miren ustedes que copero tomo el asunto, que hasta fueron llamados para dar su opinión, el escultor don Roque Lopez, y el pintor don Joaquin Campos. Y como era de esperar, ambos encontraron muy natural la instalación del Niño y la Venus, en aquel lugar. Asi que asi se quedo la cosa, el pobre don Vicente pudo respirar, los envidiosos acusadores tuvieron que tragarse su rabia, y los rigidos inquisidores, no tuvieron mas remedio que hacer ka vista gorda, y archivar el asunto.

Pero volviendo a don Roque, y a su Samaritana, que es lo que aqui importa, sepan ustedes que por aquellas fechas, el escultor era un hombre muy preocupado, Y no era para menos, porque habia recibido el encargo de esculpir una talla, que representara a la mujer de Samaria, obra destinada a la tradicional procesión de los "coloraos". Y que por mas vueltas que le daba el hombre, por mas que buscaba, no conseguia encontrar el modelo adecuado. Todas, todas tenian algo. Ninguna le acomodaba.

Esta ... No, no, se la ve ...demasiado encopetada.

-- Pues aquella tampoco puede ser, se la ve mujer muy ordinaria ...

-- ¡No, no, por Dios! No es esa la expresión, demasiada picardia.

-- ¡Señor!, que aire de bobalicona ...

Total, que el bueno de don Roque se exasperaba, porque veia pasar el tiempo, sin encontrar el modelo a su medida, y fue entonces, cuando llego a sus oidos, la fama de la belleza de la Fotina, de la que todos, nobles y villanos, se hacian lenguas. No las tenia todas consigo, no creia que mujer de tan baja condición, tuviera el aire, la dignidad necesaria, para representar a la rica mujer de Samaria. Pero habia visto ya tantas, que se dijo ...

-- A fe que por ver una mas, poco se ha de perder, y si es como dicen la moza ...

Y no sin ciertos reparos, que a fin de cuentas era hombre principal y muy mirado en sus pasos, pues el escultor se dejo caer por el puesto del Nicanor, marido de la Fotina, y que lo tenia instalado a la vera de las tapias del Convento de Carmelitas. Dudando quedo en la puerta, sin decidirse a entrar. No era establecimiento lujoso, ni mucho menos lo que don Roque tenia costumbre de frecuentar, sino mas bien parada de arrieros y tratantes, gentes que por alli acudian con animo de refrescar, haciendo un alto en el trabajo. Antes de llegar a el, se escuchaba ya el sonido de los guitarrones, y saltaba la copla, picante las mas de las veces.

Dentro, se olia a vino fuerte, gordo y espeso, que el Nicanor, en su carro de mulas, traia desde las tierras de Jumilla y de Yecla. Las baldosas del piso, relucían de puro limpias, y sobre ellas, se esparcian redondeles de pleita tejida. Aquí y alla, mesas de pulcro tablero, brillantea de tanto restragarlos, y jalonando la pared, un poyeton de yeso, cubierto a trechos por anchas tiras tejidas, hacia las veces de asiento. En la pared, y sobre un soporte de madera, un santo de yeso, con un vaso de vidrio verde donde vacilaba una lamparilla de aceite. Y a su lado, la hucha de barro, esperaba al parroquiano generoso que le echara unos cuartos, para mantenimiento de la luz del santo. Lo cierto es, que raro era el que se hacia el desentendido al piadoso reclamo, que serian de poca bolsa, pero la voluntad era grande.

Todo este era el entorno, pero a buen seguro, que el escultor no lo vio. Porque despachando vasos de vino y de aguardIente a los parroquianos habituales, estaba la FotIna. Guapa era la moza, si señores. Alelado se quedo don Roque, al contemplar su peregrina hermosura, que mas parecia dama principal por su elegancia, y la mirada recatada de sus ojos, que moza de taberna. Y alli se quedo parado don Roque, mudo, mirando embobado a la Fotina. Sin darse cuenta de que a su alrededor, cesaban las conversaciones, y los concurrentes miraban con la boca abierta. La verdad es, que resultaba bastante insolita la presencia de caballero tan principal, en el puesto de Nicanor.

El tabernero se acerco, preguntado a la vez que hacia gala de sus mejores modales ...

-- ¿En que puedo servir a Vuesa Merced?

Saltaba a la vista que Nicanor, a pesar de su sorpresa, reventaba de satisfacción ante la visita de un caballero tan bien vestido. En pocas palabras, que don Roque era parco en ellas, y sin dejar de mirar a la Fotina, cada vez mas turbada, el escultor expuso su demanda.

Nicanor, en el colmo del asombro, no sabia ni que decir. ¡Vaya dia, caballeros! Primero, la visita de aquel señoron, que honraba el puesto con su presencia, y por si fuera poco, pretendia ...

-- ¿Cómo? ¿Copiar a mi Fotina?. Vuesa Merced se burla, ella es solo una pobre moza ...

Y don Roque que de pobre moza nada, que la Fotina era justo lo que tanto habia estado buscando, para dar vida a la escurridiza Samaritana.

Y el Nicanor, que se habia puesto bastante mosqueado, cuando oyo al escultor mentar a la biblica mujer...

-- Mire el señor caballero, que uno en su ignorancia ha oido cosas, y según cuentan, esa tal Samaritana no era mujer de bien, sino mas bien un picara redomada, y sepa Vuesa Merced, que la Fotina sera pobre, pero siempre ha sido mujer muy limpia y honrada.

Bastante le costo a don Roque, convencer al bueno de Nicanor. Largo rato tuvo que argumentar, hasta hacerle comprender que la Samaritana no era una mala mujer, sino buenísima. Y ademas, muy generosa, que con el trabajo que le costaba sacar el agua del pozo, se la habia dado toda a Jesús para calmar su sed. Y que su mujer, la Fotina, que era decentísima, cosa que nadie se atreveria a poner en duda, era su vivo retrato. Y que a lo largo de los siglos, cuando todos los presentes estuvieran criando malvas, las gentes seguirían admirando a tan hermosa mujer sosteniendo su cantaro, para dar de beber al Maestro.

-- ¡Ay, señor! – se apuraba el Nicanor – Que no sabe Vuesa Merced lo que dice, que mi Fotina es un pedazo de pan, pero de ahí a ponerla en un altar... No sabe el caballero el genio que se gasta, cuando algo no es de su acomodo. Es talmente un basilisco.

Y asi siguieron un buen rato, que para el escultor, el tiempo ya no contaba. Don Roque, en contra de su talante, hablaba y hablaba, seguro de convencer al fin al tabernero. Y el Nicanor, rompiendo tambien su costumbre de no beber con los parroquianos, atizandose cada copazo de aguardiente que ardia el monario. Y es que le hombre, a pesar de todas sus dudas, estaba tan impresionado con eso de ver a su Fotina procesionando, que no daba pie con bola. Asi que entre la voz profunda y baja del escultor, y los calidos vapores del aguardiente de Bullas, el Nicanor ya no sabia si el que iba a salir en la procesión, era el o don Roque.

En cuanto a la Fotina ... Bueno, nadie pudo llegar a saber lo que opinaba de todo aquello la Fotina, porque a lo mejor ni se lo preguntaron. Pero a fin dc cuentas era mujer, y una piensa que coqueta, porque era muy hermosa, y a buen seguro que en su interior, se sentiria satisfechísima de ser la musa de señor tan `principal. Y tan sabio, que de la nada, sabia sacar santos tan perfectos, que talmente parecian que iban a empezar a hablar.

Don Roque se encerro en su taller, trabajando dia y noche, tallando sin parar, hasta dar vida a la imagen. Tanto empeño puso en la labor, que cuando estuvo terminada aquella Fotina convertida en Samaritana, parecia que iba a echar a andar de un momento a otro. Imagen de devanadera era, si señores, pero las manos, sosteniendo el cantaro con aquella gracia alada, el pie desnudo aprisionado en la sandalia, y sobre todo, el bello rostro de la moza, eran de tal perfeccion, tan reales, que el animo se quedaba en suspenso al contemplarla. Mil doscientos reales cobro don Roque por esta magnifica, soberbia obra, que entrego a la Cofradía de la Sangre, a los "coloraos", en el año 1.799. El rico vestido y el manto de la imagen, se tejio con la seda de los mejores gusanos murcianos.

Lo que la historia no dice, es si el escultor, entregaría algun dinero al Nicanor o a su mujer, aunque lo mas seguro, es que ambos se consideraran pagados con pasar a la posteridad.

La Forina, siguió repartiendo copas de aguardiente entre los parroquianos del puesto, ahora mucho mas numerosos, que acudian al reclamo de la musa del escultor. Pero para todos los murcianos, tanto nobles como gente del pueblo, ella era ya la Samaritana. Don Roque, con su manos de plata, la hizo traspasar la puerta de la historia y el hilo invisible de la leyenda, como la mujer de Samaria, que quiso apagar la sed del Hijo de Dios.

=== === ===

LA TIA MARIA DE LOS TIESTOS

==========================

Corrian los trágicos dias de aquella ultima epidemia de colera que sufro esta tierra nuestra, y que fue terriblemente virulenta en los lugares de La Union, Mazarron y Lorca. Los habitantes de esta ultima ciudad que pudieron escapar del temible azote, se asentaron en la capital, en el Castillejo, en pleno barrio de San Juan, que fue el unico que quiso acogerlos, ya que en los demas, tenian miedo de que pudieran traer consigo la mortal epidemia. Pero ademas, el pajolero barrio, era en aquellos momentos, sede de los artesanos de varios oficios. De alli salian aquellos maravilloso juguetes de cartón, que parecian tener vida. Caballos ligeros, algunos con balancín, que llevaban a los crios de la epoca en quimericas galopadas; toros bravios, que los hacian soñar con gloriosas tardes de toros, y mil cosas mas, incluidas aquellas entrañables muñeconas de color de rosa, rigidas, y hay que reconocer que bastanta feillas, pero que a las criaturas con pocos posibilidades, les parecian princesas. Pero ademas, el barrio de San Juán, era el corazon de la industria del barro cocido, y claro, para los lorquinos, gentes con una larga historia alfarera, vivir alli, era llegar a su casa.

Entre los recien llegados, venian los padres de Maria, aunque entonces todavía no lo eran, porque la niña nacio cuando ellos ya estaban asentados en el barrio murciano. En el bajo de la humilde vivienda que consiguieron agenciarse, instalaron un pequeño almacen. Y en el castizo barrio, nacio Maria, que desde muu pequeña, acompaño a sus padres en el trasiedo mercantil. No les digo mas, que al principio, iba en brazos de su madre, compartiendo espacio con el cesto, donde los padres, guardaban la quincalla que vendian por las sendas de la huerta. Y como eran gente muy trabajadora, el negocio prospero, y pronto pudieron comprar un carro, con el iban a vender su mercancia a los mercados, a las ferias, y a las fiestas.

Un dia, la madre saco todas las viejas fuentes de su ajuar lorquino, jarras, lebrillos, cantaros .... Y el barro y la loza empezaron a llenar el carro, sustiyendo a la antigua mercancía. Que de ahí le vino a la familia, el apodo de "los Tientos", con el que ya siempre fue conocida.

La Maria fue creciendo, y siguió acompañando a sus padres en la venta ambulante, a la vez que se convertia en una de las mozas mas guapas del barrio sanjuanero, que según dicen, tenian fama por su belleza y su aire de sultanas. Gustaban de acicalarse, y los domingos y dias de fiesta, daba gusto verlas, con las peinetas sujetamdo em el moño la biznaga de jazmines. Era una verdadera competicion por ser la mejor peinada, la mas limpia, la que mas gusto tenia para arreglase, y sepan ustedes, que los mozaos tenian esto muy en cuanta a la hora de buscar esposa, y en las pujas. Bueno, pues imagínense como seria de guapa la Maria, que un dia de Inocentes, rompio el baile con unas pujas tan altas como no se habian conocido en toda su historia.

Y ademas, no crean usredes que la Maria era una analfabeta, ni mucho menos, que sabia leer y escribir, cosa muy rara en aquellos tiempos en moza de su humilde condicion. Cosas, que le valieron mucho, cuando instalo su taller de modista; las damas mas encopetadas de la ciudad, eran clientas suyas, y tenia mucho contacto con la vida cultural murciana.

Como ya comprenderan ustedes, una muchacha de sus prendas, tenia los pretendientes a monton, pero ella eligio a un muchacho, maestro albañil, al que llamabam el maestro Puesto. Como su mujer, el albañil era indispensable en casi todas las reparaciones que se hacian en la ciuudad, con lo que la pareja. Que no tuvo hijos, tenia muy buen pasar

El tiempo fue pasando, murieron los padres, y tambin el albañil, y la Maria, ya mayor, y con los ojos cansados de tanta puntada, se hizo cargo del negocio de los tiestos, mas que por necesidad por aficion, que habia ganado sus buenos dinerillos con la aguja. Y asi siguio durante muchos años, que daba gusto verla, con su falda a media pierna, siempre con su pañuelo, cruzado sobre el pecho en invierno, y a la cabeza en verano; con gruesas medias de algodon, y calzada con alpargatas como buena sanjuanera. Iba siempre sonriente, empujando la carretilla cargada de fuentes y jarras, de peponas rosadas, de caballitos y toros, que cambiaba por los trapos, que atesoraba en la bolsa que colgaba de las varas de la carretilla.

Murio a los noventa años, tan avispada y risueña como siempre habia sido, dejando detrás una estela de recuerdos y tradiciones del viejo barrio de San Juan.

=== === ===

INDICE

=== === ===

Printed by Books on Demand GmbH, Norderstedt / Germany